Eine kulinarische
Entdeckungsreise

Christina Hitzfeld • Andrea Schwarz

Eine kulinarische Entdeckungsreise

DURCH DEN KANTON ST. GALLEN

UMSCHAU

INHALT

Staubern
Bähnli
2

Inhalt

... durch den Kanton St. Gallen

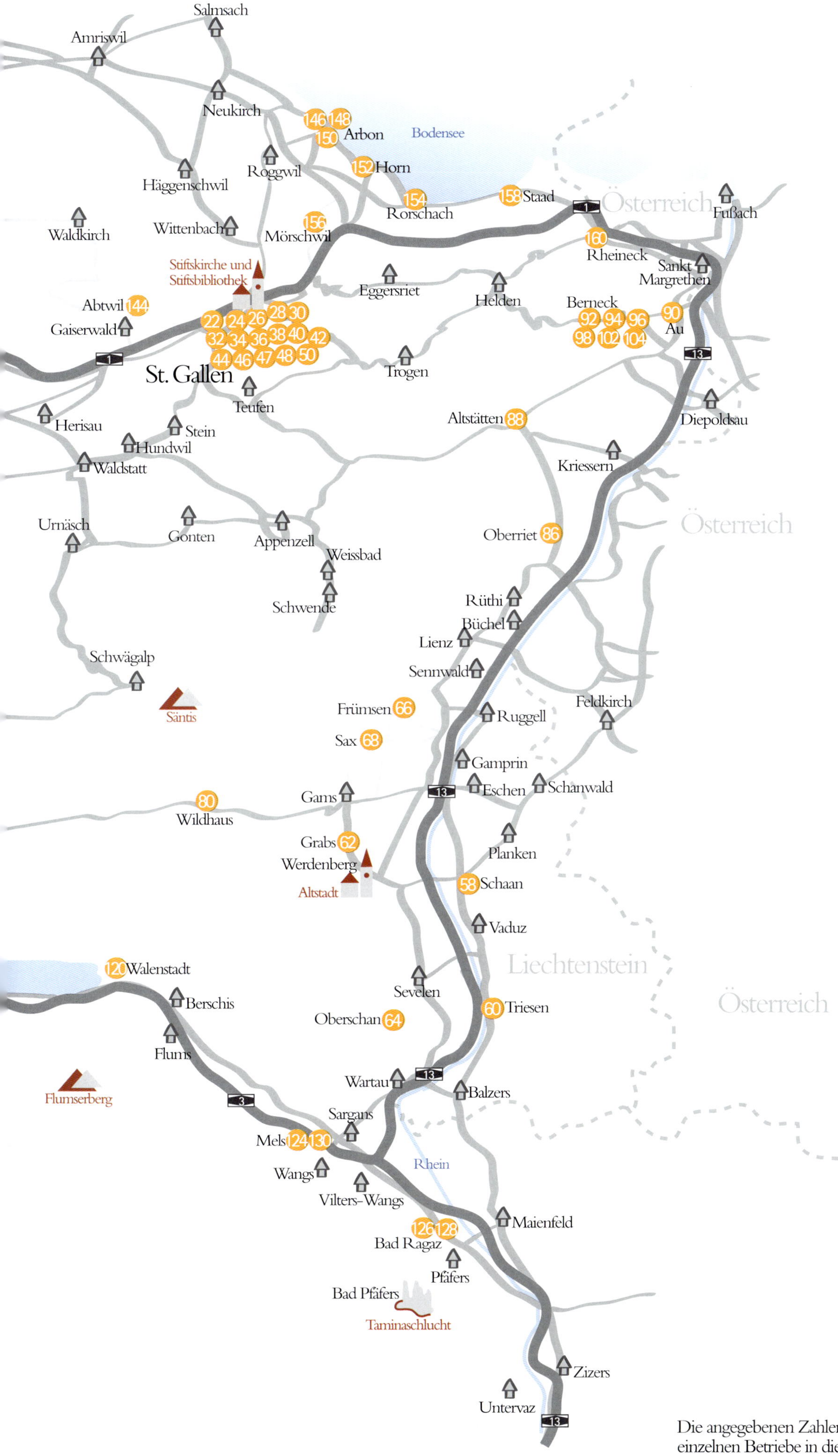

Die angegebenen Zahlen 20 sind identisch mit den Seitenzahlen der einzelnen Betriebe in diesem Buch und bezeichnen ihre Lage in der Region.

VORWORT

Diese kulinarische Entdeckungsreise durch den Kanton St. Gallen will Ihnen vor allem Lust machen, die Stadt St. Gallen und die heterogenen Landschaften des Kantons zu besuchen und die vielen regionalen, lukullischen Besonderheiten kennen zu lernen. Vielseitig wie die Landschaft im Kanton St. Gallen ist auch die Küche des Kantons – mal traditionell, mal experimentell, hier und da beeinflusst von französischen Vorbildern oder mit einem Hauch asiatischem Flair zeitgenössisch aromatisiert. Immer aber spürt man das ehrliche Qualitätsbewusstsein der Köche in Bezug auf die verwendeten Zutaten und ihre Liebe zur Region – alle Köche, die ich getroffen habe, richten ihre Speisekarten bevorzugt saisonal aus und lassen ihre Kreativität von dem befeuern, was die heimatliche Erde hergibt.

Entlang des Rheins mit seinem milden Klima gedeiht herrliches Gemüse; Milch und Fleisch kommen unter anderem von den Bauern aus Toggenburg, Fürstenland, Linthebene oder Werdenberg und heimischen Fisch liefern die drei großen Seen, Zürich-, Walen- und Bodensee, an denen der Kanton Anteil hat. Frisches Obst gibt es im benachbarten Thurgau und im klimatisch begünstigten Rheintal. Den berühmten Schweizer Käse kostet man am besten in kleinen Molkereien – er schmeckt von Tal zu Tal verschieden – und Gizzi- oder Lammfleischspezialitäten bieten die dünn besiedelten Landstriche des Toggenburgs, wo auch Wildbret saisonal den Speisezettel bestimmt.

Vorstellen möchte ich in diesem Buch aber auch Metzger, Winzer, Bäcker – und sogar ein Glasbläser ist dabei. Was alle ausgewählten Betriebe verbindet, ist der Glaube an das ehrliche Handwerk, das hinter jedem Produkt steht und ein großes Qualitätsbewusstsein für die eigenen, angebotenen Produkte: Alle von mir Portraitierten identifizieren sich mit ihren Betrieben und sind mit Herzblut und Leidenschaft bei ihrer Arbeit. Oft werden spezielles, handwerkliches Wissen oder Rezepte in den Betrieben über Generationen weitergegeben.

Und natürlich will ich auch sie nicht unerwähnt lassen: die berühmte St. Galler Bratwurst. Kaum ein Restaurant – von der Sternegastronomie bis zur Quartierbeiz – das sie nicht hin und wieder auf die Karte nimmt und zusammen mit Rösti und Zwiebelsauce salonfähig macht, obwohl sie als unkomplizierter Snack mit Bürli wirklich überall im Kanton zu haben ist. Das Spezielle der St. Galler Bratwurst liegt darin, dass sie zurückhaltend gewürzt ist, damit der volle, runde Fleischgeschmack zur Geltung kommt – in St. Gallen ist die Bratwurst-Herstellung, anders als in anderen Gegenden, nämlich keine Resteverwertung, sondern eine Kunst für sich. Nur die besten Fleischstücke werden ausgewählt, um diese weltbekannte Spezialität herzustellen. Jeder Metzger ist sich seiner Verantwortung voll bewusst: Bei der Bratwurst gilt es, einem vorauseilenden Weltruf gerecht zu werden.

Ähnliches Qualitätsbewusstsein zeigen auch die Köche oder Winzer: Sie wollen sich an ihren Produkten messen lassen und brauchen tatsächlich den Vergleich mit der schweizerischen oder europäischen Konkurrenz nicht zu fürchten. Die vielen Auszeichnungen renommierter Restaurantführer oder auch die Zertifizierung durch Culinarium, ein regionales Gütesiegel, zeigen: Die Betriebe setzen auf Saisonalität, Regionalität und bedingungslose Transparenz, was die Herkunft der Zutaten angeht. In Zeiten zunehmender Lebensmittelverunsicherung freut mich persönlich solch ein Trend einer ganzen Region. Machen Sie sich auf und entdecken Sie die vielen kulinarischen Highlights von St. Gallen, die in diesem Band vorgestellt werden – und freuen Sie sich auf unverfälschten, ehrlichen Genuss. En Guete!

Christina Hitzfeld

DER KANTON ST. GALLEN

Traditionsreich und voller Kontraste

Der mit Abstand größte Kanton der Ostschweiz hat viel zu bieten. Wie kein anderer Schweizer Kanton kann er eine landschaftliche und kulturelle Vielfalt aufweisen, die vom Bodensee bis zum Hochgebirge, über das breite Alpenrheintal oder das klimatisch begünstigte Seeztal mit dem Walensee und bis zum Zürichsee reicht. Außerdem ist da die Stadt St. Gallen mit ihrem Weltkulturerbe, der ehemaligen Benediktinerabtei „St. Gallus und Otmar", und mit einer von der Blüte des Textilhandels geprägten, schmucken Altstadt.

Diese Vielfalt kommt nicht von ungefähr, denn der Kanton in seinen heutigen Grenzen wurde von Napoleon Bonaparte mit der Mediationsakte im Jahr 1803 so geschaffen.

Von Diplomaten am Kartentisch wurde hier zusammengepuzzelt, was eigentlich zunächst nicht so recht zusammenpassen wollte, denn mit dem neuen Kanton wurde die „Konkursmasse" von den im Jahr 1798 ausgerufenen helvetischen Kantonen Säntis und Linth abzüglich der wiederhergestellten Grenzen von Glarus, Schwyz und Appenzell mehr willkürlich zu einem neuen Ganzen zusammengepappt. Der entstandene geografische Flickenteppich des neuen Kantons St. Gallen ist bunt und könnte unterschiedlicher nicht sein, wenn man die Liste der früheren Herrschaftsformen und historisch politischen Zugehörigkeiten studiert. Weder kulturell, noch wirtschaftlich, noch konfessionell bildete das Gebiet eine Einheit und selbst heute ist eher die Verbundenheit zur alten regionalen Zugehörigkeit identitätsstiftend.

Sicher liegt das zu einem großen Anteil an der Inhomogenität der beteiligten Bezirke. Innerhalb der Kantonsgrenzen liegen die „Alte Landschaft" als Kernland der früheren Fürstabtei, die Grafschaft Toggenburg als konstitutionelle Monarchie, die selbstständige Stadtrepublik St. Gallen, die autonome Stadt Rapperswil, die unter wechselndem Protektorat stand, die Grafschaft Sargans und die Herrschaft Freudenberg mit der

Abtei Pfäfers, die Vogtei Rheintal, die Grafschaft Uznach, die Vogtei Windegg / Gaster, die Grafschaft Werdenberg und die Freiherrschaft Sax-Forstegg.
Die früher autonomen Herrschaftsgebiete betonen heute innerhalb des Kantons St. Gallen ihre Unterschiede und regionalen Eigenheiten: So entstanden ganz unterschiedlich vermarktete Tourismusgebiete wie das „Heidiland“ - so nennt sich die touristische Markenbezeichnung für das Gebiet zwischen dem westlichen Walensee und Bad Ragaz. Das St. Galler Rheintal, das Toggenburg und der Bodensee haben eigene Konzepte, eigene Websites, eigene Fremdenverkehrsbüros – der Kanton stellt sich heute nur als politische und administrative Einheit dar, nicht aber als kulturelle oder touristische.
Wer sich aber auf eine Spurensuche einlässt, wird überrascht sein, wie viel es zu entdecken gibt. Zahlreiche Burgen und Klosteranlagen, römische Siedlungsreste und frühmittelalterliche Kirchen zeigen, dass die Täler seit der Antike als europäische Handelsstraßen große Bedeutung hatten. Kleine, gut erhaltene Städtchen wie Werdenberg, ein Bijou mittelalterlicher Fachwerkarchitektur, oder die historische Handelsstadt Rorschach am Bodensee stehen einer atemberaubenden, sehr vielseitigen Naturlandschaft gegenüber. Das Massiv der Churfirsten, des Pizols oder die Dreitausender an der Grenze zu Graubünden geben einen scharfen Kontrast zur klimatischen Milde des Rheintals mit seinen sanft aufsteigenden Hügeln. Bad Pfäfers gilt es zu entdecken, wo sich im Barocken Bäderkomplex am Eingang der Taminaschlucht einst ein abenteuerlicher Kurbetrieb abspielte.
Und natürlich ist für Sportbegeisterte einfach alles geboten: Segeln auf Zürich- oder Walensee, Bergsteigen, Wandern, Skifahren, Segelfliegen, Fallschirmspringen, Klettern, Radeln, Mountainbiken, Schwimmen, Tauchen, Golfen – die Möglichkeiten der Aktivitäten sind nur durch die eigenen Vorlieben beschränkt.

Alte Traditionen neu belebt: der „Alpsegen" am Flumserberg

Eine alte, heute wieder sehr beliebte Tradition ist die des „Betrufs" oder „Alpsegens", die am Flumserberg von Juli bis September gepflegt wird. Jeden Abend wird auf den Almen nach dem Einholen und Melken des Viehs vom Älpler der Sarganserländer Alpsegen ausgerufen. Der „Betruf", der in vielen Berggebieten der Alpen in der Schweiz, Österreich und Liechtenstein eine lange Tradition hat, geht eigentlich auf einen urtümlich-heidnischen Brauch zurück, wurde aber im 18. Jahrhundert umgedeutet und mit christlichen Elementen ausgestattet. Heute wie damals sollen mit Hilfe der angerufenen Heiligen böse Naturkräfte gebannt oder doch zumindest besänftigt werden. Wer sich den Betruf als Gesang vorstellt liegt falsch: Es handelt sich vielmehr um eine Art melodischen Sprechgesangs, der an eine katholische

Litanei oder einen Gebetspsalm erinnert. Der Älpler verstärkt seine Stimme durch einen Milchtrichter und singt monoton und eingehend seine Zeilen: „(...) Behüet s Gott un der lieb heilig Sant Gall mit syne Gottsheilige all. Bhüet s Gott der lieb heilig Sant Peiter. Sant Peiter, nümm dy Schlüssel wohl in dyni rächti Hand un bschlüss wohl uf dem Bären synen Gang, dem Wolf der Zahn, dem Luchs der Chräuel, dem Rappen der Schnabel, dem Wurm der Schweif, dem Stei der Sprung. Behüet s Gott vor solcher böüser Stund. (...)" Der Alpsegen ertönt jeden Abend von verschiedenen Almen im Gebiet des Flumserbergs. Hört man ihn, stellt sich selbst für den unbeteiligt Lauschenden unwillkürlich eine feierlich-andächtige Stimmung ein, so passend ist das melodische Rufen und die traumhafte Kulisse in der einbrechenden Dämmerung für ein romantisches, uriges Gesamterlebnis.

Schwingerkönige: Sportamateure mit nationalem Kultstatus

Das Schwingen ist eine weitere, vor allem auch im Toggenburg gepflegte Besonderheit: Schwingen ist eine der typisch schweizerischen Nationalsportarten und wird auf einer mit Sägemehl gepolsterten Fläche ausgetragen. Wichtigstes Utensil ist dabei eine über den Kleidern getragene kurze Hose aus Zwilch. Die beiden Schwinger im „Ring" versuchen nun, den Gegner durch „Schwünge" an dieser Hose auf den Rücken zu bringen. Da die ersten Belege für diesen traditionsreichen Sport bereits aus dem 15. Jahrhundert stammen, versteht es sich von selbst, dass sich mittlerweile eine eigene regionale Terminologie entwickelt hat: Die Hauptschwünge wie „Übersprung", Brienzer", „Buur" oder „Wyberhaagge" kennt heute jedes Kind.

Der Schwägalp-Schwinget gilt als eines der schönsten Schwingfeste der Schweiz. Vor der imposanten Kulisse des Säntismassivs rückt das eigentliche Schwingen bei der volksfestartigen Stimmung mit Tausenden von Besuchern schon beinahe in den Hintergrund. Alphornbläser, Ländlermusik, Fahnenschwinger und „Geisslenchlöpfer" (Peitschenschwinger) geben dem Schwinget einen folkloristischen Rahmen. Die Schwägalp liegt zwischen dem obertoggenburgischen Nesslau-Neu St. Johann im Kanton St. Gallen und Urnäsch im Kanton Appenzell-Außerrhoden an der Nordwand des Säntis. Hier ist auch die Station der Seilbahn auf den Säntis – Start oder Ziel vieler eindrücklicher Wanderungen und Bergtouren im Alpstein.

Kloster und Stadt – die Geschichte einer Emanzipation

St. Gallen lebte über Jahrhunderte im Spannungsfeld der unterschiedlichen Interessen von Stadt und Kloster. Das Kloster geht auf den im 7. Jahrhundert lebenden Mönch Gallus zurück, der als Schüler des irischen Mönchs Columban von Luxeuil in die heutige Schweiz gekommen war, um die Alemannen zu missionieren. Gallus lebte als Einsiedler in einer Klause, die nach seinem Tod zerfiel, aber weiterhin von Wallfahrern aus dem ganzen Bodenseeraum besucht wurde. Daraufhin gründete der alemannische Priester Otmar zu Ehren von Gallus im Jahr 719 vor Ort eine Benediktinerabtei.

Um nach einem Einfall der Ungarn für künftige Kriege besser geschützt zu sein, befahl der Abt im Jahr 954 um Kloster und Klosterdorf eine Mauer mit Toren und Türmen zu bauen: St. Gallen war zur Stadt geworden. Im Jahr 1180 wurde St. Gallen schließlich sogar Reichsstadt mit einem vom deutschen König eingesetzten Vogt aus den Reihen der Bürger, der vom Abt nicht abgesetzt werden konnte. Kloster und Stadt entfernten sich im Laufe der Geschichte durch Variationen des immer gleichen Interessenkonflikts immer weiter voneinander: auf der einen Seite die nach Freiheit strebenden Bürger, auf der anderen Seite der auf dem status quo beharrende Abt. 1457 schließlich wurde die Stadt zur freien Reichsstadt. Fortan gab es das Kloster mit seinen Ländereien vom Bodensee bis zum Toggenburg und innerhalb der gleichen Mauern die stolzen, freien Bürger. Der Konflikt zwischen Stadtbürgern und Abt wurde durch die Reformation von Vadian noch einmal verschärft.

Etwa zur gleichen Zeit erlebte die Stadt einen ersten wirtschaftlichen Aufschwung durch die Textilindustrie: Sie wurde zum blühenden Zentrum der Leinenproduktion. Eine zweite Blüte erlebte St. Gallen durch die in der ganzen Welt bekannten Stickereien. Schließlich konnte mit der Entwicklung der ersten Stickmaschinen die Absatzkrise von Mitte des 18. Jahrhunderts überwunden werden. Außerdem boten die Stickmaschinen ganzen Landstrichen und der armen Bevölkerung eine willkommene Verdienstmöglichkeit.

Das Stadtbild spiegelt heute noch die Prosperität der Stadt zur Zeit der Stickereiblüte: An den über 100 Pracht-Erkern – zum Teil mehrstöckige, kunstvoll bemalte oder aus Holz geschnitzte Erker, die im 18. Jahrhundert meist nachträglich an den Fassaden angebracht wurden – ist der damalige Wohlstand noch heute gut nachvollziehbar. Außerdem zeugen die Motive von den Reisen der St. Galler Geschäftsleute in alle Welt.

Eine Besonderheit aus dieser Zeit sind auch die St. Galler „Erst-Stock-Beizen", die noch heute sehr beliebt sind: Hier, im ersten Stock der Gasthäuser, haben sich die sinnesfreudigen Katholiken zum gemeinsamen Tafeln und Trinken zurückgezogen, um vor den strengen Blicken der genussfeindlichen Reformierten sicher zu sein. Diese Tradition ist geblieben: Noch heute befinden sich viele Restaurants im ersten Stock – oft erinnert auch das mit viel Holz vertäfelte Innere an diese Blütezeit St. Gallens.

St. Gallen – moderne Universitätsstadt

Heute genießt St. Gallen auch wegen des hervorragenden Rufs seiner Universität weltweites Ansehen. Ende des 19. Jahrhunderts beschloss der Grosse Rat des Kantons eine Akademie für Handel, Verkehr und Verwaltung zu errichten. Die HSG, so wird die Hochschule als Abkürzung für den früheren Namen „Hochschule St. Gallen" noch heute kurz genannt, ist somit eine der ältesten Hochschulen dieser Art überhaupt. Jedes Jahr wollen weit mehr Studenten in St. Gallen Wirtschaftswissenschaften oder Recht studieren als aufgenommen werden können, zumal die Anzahl der Studienplätze für ausländische Studierende auf 25 Prozent beschränkt ist – die Aufnahmequote der Bewerber bewegt sich deshalb seit Jahren zwischen zehn und 15 Prozent – nicht zuletzt auch wegen eines anspruchsvollen Auswahlverfahrens von Seiten der Universität. Das Universitätsgebäude aus den 60er-Jahren fügt sich heute harmonisch in die Bebauung am Rosenberg ein. Ein Park mit teilweise altem Baumbestand vermittelt zudem Campus-Atmosphäre.

Bereits in der Planungsphase des Gebäudes waren Künstler an der Gestaltung der Raumlösungen beteiligt, sodass deren in den neuen Räumen ausgestellte Werke ideal zur Raumsituation passen. Für den Bibliotheksbau, der als Erweiterungsbau Bibliothek, Auditorium Maximum, Hörsäle und Verwaltung beherbergt, wurde das Konzept „Kunst unterstreicht Architektur" wieder aufgegriffen, sodass die HSG heute, was den Bestand an bedeutenden Werken aus dem 20. Jahrhundert angeht, mit einem Museum vergleichbar ist. Wobei alle Kunstwerke in den studentischen Alltag integriert sind und sich selbstverständlich mit der Architektur verbinden. Die Liste der Künstler liest sich wie das Who's who einer auf klassische Moderne und zeitgenössische Kunst spezialisierten Galerie: Umberto Mastroianni, Alicia Penalba, Hans Arp, Georges Braque, Joan Miró, Pierre Soulages, Alberto Giacometti, Otto Müller, Max Oertli, Ferdinand Gehr, Gerhard Richter ... Wen wundert's, dass die Hochschule Gruppenführungen anbietet.

Kulinarische Besonderheiten

Denkt man an St. Gallens Küche, so tritt sogleich die weltberühmte St. Galler Bratwurst auf den Plan, die in den Variationen Olma-Bratwurst und Kinderfestwurst – das Gewicht ist das unterscheidende Kriterium – gleichermaßen beliebt ist. Die Kinderfestwurst gibt es nur alle drei Jahre zum Kinderfest: Mit 250 Gramm ist es eine kapitale Bratwurst, die viele Kinder heute gar nicht alleine schaffen.

Gefeiert wird das Kinderfest seit 1824 – damals hat es sich aus verschiedenen Wurzeln entwickelt: Das Gregorius- und das Rutenfest der städtischen Jugend sowie die „Eggen“, eine Verbindung von Schulabschlussfeier und Waffenmusterung der Knaben, sind wohl die historischen Vorläufer. Zum traditionellen Kinderfest in St. Gallen gehören neben dem Festumzug die obligatorische, für Kinder kostenlose Bratwurst und die Böllerschüsse – und natürlich schönes Wetter, weshalb es verschiedene Ausweichtermine gibt und immer erst am Morgen entschieden wird, ob die große Party tatsächlich steigen kann.
Bekannt ist St. Gallen auch für seine Biberli, die in der ganzen Ostschweiz gebacken werden. Seinen Namen verdankt das Gebäck dem lateinischen Wort „pigmentum“ für Gewürz. Daraus entwickelte sich das mittelhochdeutsche bimente, woraus schließlich die Biber-Zelten – Zelten ist eine alte Bezeichnung für Kuchen – wurde. Biberli ist ein Gebäck, das aus Honig, Zucker, Mehl, Wasser, Rum, Pottasche, Triebsalz, Zitronenschalen und verschiedenen Gewürzen wie Zimt, Muskat, Nelke, Ingwer und Koriander besteht. Die Zutaten lassen schon erahnen, dass es eine enge Verwandtschaft zum Lebkuchen gibt, der in St. Gallen eine jahrhundertealte Tradition hat. Der Leinwandhandel in alle Welt ermöglichte es den Händlern nämlich, die benötigten Gewürze für die mit einer Mandelcreme gefüllte Süßigkeit einzukaufen.

ATRIUM RISTORANTE

Atrium Ristorante
Inhaber: Raphael Schenker

Schützengasse 8
CH-9000 St. Gallen

Telefon 00 41 (0) 71 / 2 23 37 17
Telefax 00 41 (0) 71 / 2 23 37 27
www.atrium-ristorante.ch

Beim Gedanken an die italienische Küche des Atrium Ristorante in St. Gallen kommen dem, der hier einmal Gast sein durfte, sofort eine Vielzahl von Assoziationen in den Sinn: saftig rote Tomaten, der Duft nach frischem Basilikum, auf den Punkt gekochte Nudeln, raffinierte Füllungen, knackiges Gemüse, schonend gegartes Fleich, erstklassiges Olivenöl und natürlich die schier unendliche Auswahl hervorragender Weine, in denen man die Sonne Italiens schmeckt.

Die Kunst des italienischen Kochens ist es, alle Zutaten so respektvoll und schonend zuzubereiten, dass keines der vielen Aromen verloren geht, sich alle Düfte, Kräuter und Geschmacksstoffe vielmehr zu einer regelrechten Symphonie verbinden. Eine Kunst, die die Liebe zu jeder einzelnen Zutat voraussetzt und viel Fingerspitzengefühl fordert. Raphael Schenker, Koch und Besitzer des Atrium Ristorante, beherrscht diese Kunst bis ins kleinste Detail. Mal sind geröstete Pinienkerne, mal feine Parmesanspäne oder ein paar Tropfen aromatisches Olivenöl das i-Tüpfelchen auf dem Teller, das ein Gericht mit einfachen, ehrlichen Zutaten zu einem Geschmackserlebnis werden lässt. Raphael Schenker kocht ausschließlich mit saisonalen, tagesfrischen Produkten. Vom Marktangebot lässt er sich immer wieder neu zu seinen vier Tagesmenüs inspirieren. Alle werden mit Suppe oder Salat serviert und beinhalten wahlweise ein Fisch-, ein Fleisch- oder ein Pastagericht, die von seinen vielen Stammgästen – fast immer ist das Ristorante ausgebucht – heiß geliebt werden.

Sicher spielt bei der Beliebtheit des Lokals auch das Ambiente eine entscheidende Rolle: ein großer, hoher, lichter Raum mit einigen klassizistischen Stuckelementen und geschickt arrangierten Tischen, ein harmonisches Farbkonzept und nicht zuletzt viele Kunstwerke an den Wänden. Alle Bilder sind Originale und stammen von lebenden Ostschweizer Künstlern, denen mit der Präsentation ihrer Werke hier eine Bühne geboten wird. Den Ankauf der Gemälde versteht Raphael Schenker genauso wie die Verarbeitung erstklassiger Produkte aus der Umgebung als Form der regionalen Wertschöpfung. Und doch ist es die Galerie der liebevoll gerahmten und gekonnt gehängten Bilder, die dem Ristorante das Flair eines Bohème Lokals des ausgehenden 19. Jahrhunderts verleiht.

Und das ist ganz im Sinn von Raphael Schenker. Er möchte den Menschen eine Oase zum Verschnaufen in der Hektik des Alltags bieten. Denn für ihn ist Essen viel mehr als Nahrungsaufnahme: Essen heißt, alle Sinne am Vergnügen teilhaben lassen, sinnlich genießen und neue Kraft für Körper und Geist schöpfen.

Da versteht es sich von selbst, dass die Weinkarte des Atriums längst nicht mehr nur Geheimtipp unter Kennern ist. Von den besten Weingütern Italiens bezieht Raphael Schenker seinen Wein und immer gelingt es ihm, den Winzern – mit vielen ist er persönlich bekannt – ein paar Flaschen ihrer absoluten Kostbarkeiten abzuluchsen. Raphael Schenker gibt diese Preziosen seines Weinkellers seinen Gästen fast zum eigenen Preis weiter, denn wenn seine Gäste glücklich sind, ist er es auch.

Linguine al Gamberoni

Zutaten

450 g Linguine oder Spaghetti
400 g Black-Tiger Riesencrevetten (ohne Schale), halbiert
4 EL Olivenöl extra vergine
1 kleine Schalotte, fein gehackt
1 Knoblauchzehe, fein gehackt
2 Tomaten, gehäutet, in grobe Würfel geschnitten
1 TL Peperoncino (je nach gewünschter Schärfe auch mehr), in feine Rädchen geschnitten
50 ml Brandy oder Cognac
40 g Rucolasalat, grob gehackt
1 TL italienische Kräuter (z. B. Poterli, Thymian, Oregano)
40 ml Weißwein
Salz, Pfeffer

Zubereitung

Linguine wie Spaghetti in reichlich kochendem Salzwasser al dente kochen. Die Hälfte des Olivenöls in einer Bratpfanne erhitzen und die Gamberoni darin anbraten; mit Salz und Pfeffer würzen. Die Hitze reduzieren, restliches Olivenöl, Schalotten, Knoblauch und Peperoncino beigeben und mitdünsten. Den Brandy dazugeben und nach Wunsch flambieren. Tomatenwürfel, Weißwein, Rucola und Kräuter dazugeben. Alles cirka 3 Minuten langsam köcheln lassen. Die Pasta abschütten, zu den Riesencrevetten geben, schwenken, würzen und anrichten.
Buon Appetito!

BENEDIKT

Benedikt
IP-Bar und 1.-Stock-Restaurant
Inhaber: Adem Özütürk

Bankgasse 12
CH-9000 St. Gallen

Telefon 00 41 (0) 71 / 2 27 61 00
Telefax 00 41 (0) 71 / 2 27 61 05
www.benediktrestaurant.ch

Das Restaurant Benedikt trägt seinen Namen wegen der unmittelbaren Nähe zum Stiftsbezirk, genauer zum ehemaligen Benediktinerkloster. Und es ist ein reizvoller Gedanke, mit dem sich wunderbar spielen lässt, wenn man sich vorstellt, dass hier schon früher der geistliche Stand auf einen abendlichen Trunk eingekehrt sein könnte – führte doch der Eingang zum Klosterviertel direkt am Haus in der Bankgasse vorbei.
Heute ist das Benedikt ein typisches St. Galler 1.-Stock-Restaurant, mit dem feinen Unterschied, dass im Erdgeschoss die ansprechende IP-Bar untergebracht ist. Hier lässt sich unkompliziert ein kleiner Aperitif nehmen oder auch nur ein Feierabend-Bier im Stehen, ein Kaffee am Nachmittag oder ein Schwätzchen zwischen zwei Terminen. Für den Gastgeber, Adem Özütürk, ist die Bar auch ein Rückzugsgebiet für rauchende Gäste – hier soll sich jeder wohlfühlen und auch die Möglichkeit haben, einen kulinarisch ansprechenden Abend mit einem entspannenden Digestif und einer duftenden Zigarre ausklingen zu lassen.
Im Restaurant im ersten Stock ist das anders: Das gediegene, kultivierte Tafeln steht hier im Vordergrund, weshalb striktes Rauchverbot herrscht. Hier würde lauter Barbetrieb nur von den herrlichen Kreationen Adem Özütürks ablenken. Schon ein Blick in die Karte verrät, dass ein kreativer, mit Leidenschaft kochender Küchenchef am Werk ist. Sein Ziel ist es, zeitgerechte und vor allem auch gesunde Interpretationen von internationalen und Schweizer Klassikern für seine Gäste zu kochen – hier und da mit mediterranem Einschlag und immer bedingungslos frisch. Die Aromen der einzelnen Zutaten sollen sich – obwohl noch einzeln erkennbar – zu einem harmonischen neuen Geschmackserlebnis zusammenfügen. Das gelingt Adem Özütürk mit großem Erfolg, sein „Degustationsmenu Benedikt“, bei dem

der Gast wählt, ob er drei, vier, fünf, sechs oder sieben Gänge haben möchte, ist im Restaurant ein Dauerbrenner.
Adem Özütürk wurde der Erfolg, den er heute hat, nicht in die Wiege gelegt: Er kam mit 18 Jahren aus der Türkei in die Schweiz und hat fast alle Positionen in der Gastronomie durchlaufen – vom sprichwörtlichen Tellerwäscher hat er es geschafft, eine Lehre zunächst als Kellner, dann eine Weiterbildung im Weinbereich abzuschließen. Um seinem lang gehegten Wunsch, ein eigenes Gasthaus zu haben, einen weiteren Schritt näher zu kommen, hat er mit 34 mit einer Ausbildung zum Koch noch einmal von vorne angefangen und sein Handwerk von der Pike auf gelernt. Es ist aber neben seinem großen Talent als kreativer Küchenchef vor allem seine südländische, zuvorkommende Gastlichkeit, die in vielen kleinen Details im Benedikt zu spüren ist. Er geht von Tisch zu Tisch, begrüßt Stammgäste und gibt jedem Gast das gute Gefühl, ein besonderer Gast zu sein – und natürlich zieht sein Team in Küche und Service mit ihm am gleichen Strang. Adem Özütürk nimmt man ab, dass es ihm ein persönliches Anliegen ist, dass jeder einzelne Gast in seinem Restaurant auf seine Kosten

kommt – die Verantwortung, die er dadurch für seine Gäste übernimmt, sieht er selbst auch in der Aufgabe, besonders gesund und – im Sinne moderner Ernährungslehre – ausgewogen zu kochen. Er hat sich viel mit gesundheitlichen Aspekten der mediterranen Küche beschäftigt und verwendet im Restaurant allein über zehn verschiedene Olivenöle. Als Geschäftspartner von The Olive Shop ist er auf diesem Gebiet Experte und kann mit Gaumen und Nase des geschulten Weinkenners die richtigen Aromen des edlen Grundstoffes erkennen und gut dosiert in seiner raffinierten Küche verwenden. Im Barcelona, gleich gegenüber, spielt das goldene Olivenöl ebenfalls eine große Rolle. Ein völlig anderes Konzept und die original spanische Küche unterstreichen hier die Vielfalt des Betreibers Özütürk – die hohen Ansprüche an die Qualität der Zutaten und das authentisch Ehrliche der Gerichte verraten aber immer seine unverwechselbare Handschrift.

RESTAURANT BIERFALKEN

Restaurant Bierfalken
Catering-Service, Event-Veranstaltungen
Inhaber: René Rechsteiner

Spisergasse 9a
CH-9004 St. Gallen

Telefon 00 41 (0) 71 / 2 22 75 46
Telefax 00 41 (0) 71 / 2 22 75 43
www.bierfalkenwirt.ch

Ein augenzwinkernder Jux ist es schon, dass René Rechsteiner, Wirt des Traditionshauses Bierfalken mitten in der St. Galler Altstadt, auf seiner großen Weinkarte – allein 25 bis 30 Weine werden im Offenausschank angeboten – einen namensgleichen Rechsteiner Wein aus dem Veneto verzeichnet. Dabei ist das freundliche Bistro Bierfalken zunächst eher wegen seiner im Hausnamen schon anklingenden Bierspezialitäten bekannt. Neben verschiedenen Bieren im Offenausschank bietet der Bierfalken seinen Gästen die Hausabfüllung Hefentrüb von der Brauerei Schützengarten, Klosterbräu, Paulaner, alkoholfreies Schlossgold und den schwarzen Bär, ein Dunkelbier. Alle Bierspezialitäten werden in formschönen, eigens angefertigten Gläsern mit dem signifikanten Bierfalkenwappen serviert. Natürlich schmeckt im helvetischen St. Gallen die bajuwarische Münchner Weißwurst auch am besten zum Gerstensaft. René Rechsteiner bietet sie seinen Gästen den ganzen Tag mit einer Auswahl von mindestens zehn Senfsorten als schmackhafte Brotzeit zum Bier. Stammgäste schätzen vor allem die abwechslungsreiche, täglich wechselnde Karte, die auf die Tischsets gedruckt wird. Zusätzlich zu den Hausspezialitäten gibt es jeden Tag sieben verschiedene Menüs wie handgemachte Spätzli und ofenfrischen Flammkuchen. René Rechsteiner betont, dass es ihm wichtig ist, dass alle Gerichte aus knackig frischen, zur Jahreszeit passenden Zutaten bereitet werden. Im Sommer sind es deshalb bis zu 30 verschiedene Salatkreationen, die zusammen mit Grilladen oder frischem Fisch eine gesunde Mahlzeit bilden. Im Winter werden mehr Suppen, Schweizer Klassiker und Spätzligerichte angeboten. Der Bier-

Appenzeller Chäsflade

Zutaten

500 g Blätterteig
500 g Zwiebeln
100 g Knoblauch
6 EL Käsemischung
300 ml Rahm
300 ml Milch
8 Eier
Salz, Pfeffer, Streuwürze, Muskatnuss,
etwas Paprikapulver

Zubereitung

Ein großes Blech mit Backpapier auslegen und den Blätterteig darauf verteilen. Den Boden mehrmals mit einer Gabel einstechen. Zwiebel und Knoblauch klein schneiden, dünsten und zusammen mit dem Käse ebenfalls auf dem Blech verteilen. Aus Mehl, Rahm, Milch und den Eiern einen Guss rühren. Mit Salz, Pfeffer, Muskat, Streuwürze und Paprikapulver abschmecken. Den Zwiebel-Käsebelag damit begießen. Etwa 40 Minuten bei 150 °C am besten mit Heißluft im Steamer backen.

falken ist vielen Stammtischen aus allen Schichten der Gesellschaft während der Woche eine freundlich-gemütliche Heimat und lädt auch spontane Gäste zu einem kurzen Schwatz an der Bar oder einem unkomplizierten Essen ein. Die Bar ist architektonisch so konzipiert, dass man hinter der Theke das ganze Lokal im Blick hat und der Dialog mit den Gästen an der Bar trotzdem von allen Seiten möglich ist. Für den aufgestellten Service ist es so ein Leichtes, den Gästen an den Tischen ihre Wünsche von den Lippen abzulesen und Gespräche an der Bar zu moderieren. Als Traditionshaus ist der Bierfalken fest mit kulturellen Anlässen der Stadt verbunden: Zur Fastnachtszeit hört man hier die berühmten Schnitzelbänke und bei verschiedenen Musikanlässen übers Jahr ist er ebenfalls eine feste Größe.
Die Bierfalken-Küche bietet mit ihrem gut eingespielten Team mittlerweile vielen Firmen- und Privatkunden ihren sehr erfolgreichen Catering-Service an – selbst sehr große Anlässe mit bis zu 500 Gästen können dank des routinierten Netzwerks von zehn Gastwirten (www.diegastwirte.ch), die sich gegenseitig ihre Logistik ergänzen, spielend gemeistert werden.

Kurz: Gäbe es den erfreulich unprätentiösen, bodenständigen Bierfalken nicht, müsste man ihn für die St. Galler Restaurantszene umgehend erfinden.

TRAITEUR-METZGEREI RIETMANN

Traiteur-Metzgerei Rietmann
Inhaber: Alfred Brun

Marktgasse 3
CH-9000 St. Gallen

Telefon 00 41 (0) 71 / 2 22 15 51
Telefax 00 41 (0) 71 / 2 22 15 53

In einem Zeitungsausschnitt vom November 1938 kann man die damals schon 100-jährige erfolgreiche Geschichte der Metzgerei Traiteur Rietmann nachlesen. Damals waren die verschiedenen Produkte, die vom Hause Rietmann in die Welt verschickt wurden, für viele Exil-Schweizer „das schmackhafte Band zwischen Heimat und Fremde". Das ist mittlerweile immerhin 70 Jahre her und doch trifft alles, was dort geschrieben steht, auch heute noch zu: Immer noch sind es die pingelige Sauberkeit und der strikte Wille zur Qualität, die den guten Ruf der Metzgerei begründen, immer noch zeichnen sich die Wursterzeugnisse durch ihre feine Würze aus und die Kundennähe durch die fachkundige Beratung. Allerdings hat sich auch einiges verändert. Mittlerweile ist die Metzgerei Rietmann unter der kompetenten Leitung von Alfred Brun in das schöne Ladenlokal an der Marktgasse umgezogen. Und heute sind es längst nicht mehr nur Fleisch und Wursterzeugnisse, die man bei Rietmann in exklusiver Qualität erhält. Eine große Käsetheke mit vielen Spezialitäten aus der Schweiz und aus Frankreich ergänzt das große Aufschnitt- und Schinkensortiment.
Allein sechs verschiedene Hausmischungen für Käsefondue sind hier erhältlich. Und an der Fischtheke gibt es verschiedene Salate mit Krustentieren. Zahlreiche delikate Antipasti runden das klassische Angebot ab.
Aber auch in der Fleischtheke hat sich einiges gewandelt: Neben dem bekannten Service, dass jeder genau das richtige küchenfertige Stück Fleisch bekommt, sachgerecht pariert, gebunden oder geschnetzelt, wie es für ein Fachgeschäft üblich ist, werden heute bei Rietmann noch diverse fein gewürzte pfannenfertige Fleischspezialitäten angeboten, sodass das eigentliche Kochen zu

Hause ein Kinderspiel ist. Besonders die Hauskreationen wie Puletbrüstli im Teig oder der Appenzellerbraten, der Feines aus allen Feinkost-Theken verbindet – ein gutes Stück Fleisch vom Schwein, gefüllt mit Kalbsbrät, Speck und Appenzeller – sind absolute Kundenlieblinge.
Mit einem Einkauf bei Rietmann lässt sich mit wenig Mühe ein erstklassiges Menü bereiten: ein paar feine Antipasti als Vorspeise, dann eine schnelle Suppe mit fertigem Fond, gefolgt von hausgemachter Pasta und ein pfannenfertiges Stück Fleisch als Hauptgang, der mit einer Selektion Käse zum Dessert abgeschlossen wird: et voilà! Ganz klar, dass auch erstklassiger Wein das Verkaufssortiment ergänzt, denn was wäre ein gutes Essen ohne den passenden Begleiter?
Auch die ganz Hungrigen werden bei Rietmann schnell fündig: Im Verkauf auf die Gasse werden verschiedene frisch gebratene Wurst- und Fleischspezialitäten angeboten, denn nicht zuletzt ist es die „Olma-Bratwurst", die den Ruf des Traditionsunternehmens in 170 Jahren mitgeprägt hat. Ihren Namen hat die Olma-Bratwurst von der gleichnamigen Messe, der Ostschweizer Land- und Milchwirtschaftsausstellung. Diese besondere, 160 Gramm schwere St. Galler Bratwurst enthält Schweine- und Kalbfleisch sowie Speck und Milch und wird in der ganzen Schweiz heiß geliebt. Auch heute noch lässt sich mancher im Ausland lebende Schweizer seine Olma von der Metzgerei Rietmann regelmäßig nachschicken – daran hat sich also in den letzten 100 Jahren nichts verändert, denn schon 1938 galt: „Es gibt Schweizervereine und Schweizer, die seit Jahrzehnten aus St. Gallen Würste kommen lassen und gern den Zoll bezahlen, um wieder einmal unter Palmen oder zwischen den Wolkenkratzern von New York über einer duftenden Wurstplatte sitzen zu können."

RESTAURANT & BISTRO NEUBAD

Im 16. Jahrhundert richtete die Obrigkeit der Stadt St. Gallen neben dem Blauen Haus eine öffentliche Badeanstalt ein, die dort bis 1624 betrieben wurde. So erhielt das Quartier um die heutige Bankgasse den Namen Neubad. Das Haus „im neuen Bad" war bereits auf einem Plan aus dem Jahr 1596 eingezeichnet. Immerhin schon mehr als 150 Jahre ist im Neubädli, so wird das Restaurant Neubad von den Einheimischen liebevoll genannt, ein Gasthaus, das seit dieser Zeit bei den St. Gallern wegen der deutlich sanktgallisch akzentuierten Küche und der unprätentiös gemütlichen Einrichtung sehr beliebt ist. Heute befindet sich im Erdgeschoss des Restaurants Neubad das Bistro. Mit weiß gehaltenen Tafelwänden und Tiffany-Arbeiten über der Bar und im Lichtschacht erinnert die Einrichtung ein bisschen an ein Jugendstil-Lokal der Jahrhundertwende in Berlin oder Paris. Rote Stuhlbezüge und dunkle Möbel geben dem Raum eine elegante Note. Dazu passt auch, dass bei schönem Wetter auf den Plätzen im Freien vor dem Restaurant das Treiben auf der Gasse und dem nahen Klosterbezirk beobachtet werden kann. In der Weinstube, dem kleinen Säli, das sich ebenfalls im Erdgeschoss befindet, gibt es warmtonige Holztäfelungen, Butzenfenster und weiße Leinenvorhänge als Dekoration – hier ist die Einrichtung zeitlos und schlicht. Im ersten Stock schließlich befindet sich das eigentliche Restaurant: Das Erst-Stock-Stübli besticht durch sein gepflegtes Interieur, mit seiner gotischen Decke, dem polierten, mehrfarbigen Parkettboden und zurückhaltender Dekoration. So ähnlich stellt man sich einen Patriziersaal während der Blütezeit der Leinwandproduktion im beginnenden 18. Jahrhundert vor.

Restaurant & Bistro Neubad
Pächterin: Monika Engler

Bankgasse 6
CH-9000 St. Gallen

Telefon 00 41 (0) 71 / 2 22 86 83
Telefax 00 41 (0) 71 / 2 22 80 68
www.restaurant-neubad.ch

Heute wie damals speist man im Restaurant Neubad in gehobenem Ambiente. Die vielen Stammgäste lieben das Haus wegen seiner ehrlichen Küche, die sich an dem ausrichtet, was jahreszeitlich frisch zu bekommen ist. Dabei gelingt es dem 26-jährigen Küchenchef Reto Hofer mit seinem jungen Team, seiner – zu dem ehrwürdigen Haus passenden – traditionellen Schweizer Küche einen jungendlichen Pfiff zu geben. Durch viele raffinierte Eigenkreationen und neu interpretierte Klassiker hat sich das Neubädli längst als St. Galler Institution etabliert. Monika Engler, die das Restaurant umsichtig führt, erzählt, dass sie früher selbst oft Gast im Restaurant Neubad war und es für sie eine persönliche Herausforderung ist, das Haus so zu leiten, dass der gewachsene Charme erhalten bleibt und doch der jugendliche Schwung und die Freude des ganzen Teams an der gemeinsamen Arbeit spürbar werden. Nicht zuletzt deshalb kann der Gast täglich unter nicht weniger als zehn abwechslungsreichen Menüs auswählen, die immer konsequent frisch zubereitet werden. Die große Karte geht mit den Jahreszeiten und ist darauf ausgerichtet, für jeden Gusto und jeden Hunger etwas anzubieten – von der feinen Vorspeise als Snack über das Vier- oder Sechs-Gänge-Menü bis hin zur erlesenen Käseauswahl bleibt hier kein Wunsch offen. Die Weinkarte verzeichnet neben vielen Schweizer Weinen und allen großen europäischen Anbaugebieten auch einzelne Positionen aus der Neuen Welt, wobei es Monika Engler sehr wichtig ist, dass ihr Team aus Küche und Service neue Weine mitverkostet und auch die vielen Rückmeldungen der Gäste in die Auswahl mit einfließen.

Kurz, das Restaurant Neubad ist heute wieder das, was die lange Tradition des Hauses erklärt: eine herzliche, fast familiäre Anlaufstelle mit dem Charme vergangener Tage und einer sanft modernisierten dabei doch traditionellen Küche.

GASTSTUBE ZUM SCHLÖSSLI

Das im Jahr 2007 durch den Internationalen Rat für Denkmalpflege ICOMOS als „historisches Restaurant des Jahres“ ausgezeichnete Schlössli-Restaurant erbaute ein Junker von Zollikofen und Enkel von St. Gallens berühmtem Humanisten und Universalgelehrten Vadian. Ganz im Stil und nach dem Vorbild des Stammschlosses der Zollikofer. Er konzipierte sein Wohnhaus als imposanten Wehrbau mit zwei markanten Ecktürmen – vielleicht auch wegen der prominenten Lage in unmittelbarer Nähe zwischen Kloster und Spisertor. Die Konflikte zwischen der reformierten Stadt und dem katholischen Kloster kann man sich aus heutiger Sicht kaum vorstellen, auch wenn in der Außenmauer des Schlössli der historisch interessante „Stein zur Freiheit“ davon zeugt. Im Inneren des geschichtsträchtigen Gebäudes gibt es ebenfalls noch viele Zeugnisse aus dieser ereignisreichen Zeit: Wandmalereien, Wappen und nicht zuletzt Vadians Porträt, das die Gäste der Burgerstube im strengen Blick hat. Im ersten Stock laden drei lichte Stuben zum stilvollen Tafeln ein: die freundliche Gaststube, die romantische Gewölbestube und die stilvoll herausgeputzte Zilistube mit Lüstern aus Murano-Glas. Im zweiten Stock besticht der Rokokosaal mit der festlich-verspielten Atmosphäre des vorletzten Jahrhunderts. Außerdem gibt die

Gaststube zum Schlössli
Geschäftsführer: Ambros Wirth

Zeughausgasse 17
CH-9000 St. Gallen

Telefon 00 41 (0) 71 / 2 22 12 56
Telefax 00 41 (0) 71 / 2 22 12 06
www.schloessli-sg.ch

rustikale Zollikoferstube, mit Antiquitäten aus verschiedenen Jahrhunderten, den Rauchern einen willkommenen Rückzugsort. Schließlich ist da noch der edle Festsaal im dritten Stock, der mit seiner antiken Kassettendecke über die ganze Breite des ehemaligen Stadtpalais geht.
Die imposanten und elegant möblierten Räumlichkeiten geben schon ein gewisses Niveau der Küche vor, das Gastgeber Ambros Wirth mit seinem Team aber spielend übertrifft. So solide und ehrlich die regionalen Zutaten sind, so raffiniert, verspielt und unkonventionell ist seine Küche. Seine Kochkunst lebt von den vielen regionalen Spezialitäten und Besonderheiten, denen er durch seine Kreativität Raffinesse und Esprit schenkt.
Der im St. Galler Rheintal angebaute Ribelmais war früher das Gericht der armen Leute und ist in Vergessenheit geraten, als das Gros der Menschen sich endlich etwas mehr Abwechslung leisten konnte. Heute zieht der Rheintaler Ribelmais mit der Schlössli-Speisekarte sogar in die Haute Cuisine ein: Geräuchertes Bodenseefelchenfilet mit Meerrettichschaum und echter Bodenseefelchenkaviar auf Rheintaler Ribelmais-Blinis sind ein gelungenes Beispiel dafür.
Dabei gilt die eigentliche heimliche Liebe der beiden jungen Küchenchefs Meinrad Signer und René Hug einer alten Knolle in ungewohnter Farbe: der Blauen St. Galler Kartoffel, die auch von der Stiftung „Pro Spezia Rara" geschützt wird. Die beiden komponieren immer wieder ungewöhnliche, neue, für Augen und Gaumen gleichermaßen ansprechende Kreationen, die sich wohl sonst auf keiner Speisekarte dieser Welt finden und die sich schon gesellschaftliche Größen wie Kofi Annan oder das norwegische Königspaar haben schmecken lassen. Konsequent in der regionalen Verbundenheit ist es, dass die große Weinkarte ebenfalls überdurchschnittlich viele regionale Spezialitäten verzeichnet und sympathisch, dass hier neben den Weinen auch die Winzer vorgestellt und estimiert werden. Bei den auf dem Wagen präsentierten Edelbränden finden sich Destillatstrouvaillen vom heimischen Wildmuser Apfel oder der gelben Reinclaude-Pflaume neben vielen anderen.

Süppli von der Blauen St. Galler Kartoffel
(für 10 Personen)

Zutaten
500 g Blaue St. Galler Kartoffeln, geschnitten
150 g Butter
150 g Zwiebeln
1–2 Knoblauchzehen
100 g Lauch, weiß
100 g Knollensellerie
100 ml Weißwein
1,5 l Rindsbouillon
300 ml Vollrahm
Salz, Pfeffer, Majoran, Lorbeer

Zubereitung
Geschnittene Kartoffeln, Zwiebeln, Lauch und Sellerie in der Butter andünsten, mit Weißwein ablöschen und mit der Bouillon auffüllen, würzen. Etwa eine Stunde leise köcheln lassen, bis die Kartoffeln sehr weich sind. Alles mixen und durch ein Sieb passieren. Rahm beigeben und fertig abschmecken.

SAVANNAH

SAVANNAH. Fine Food. Tapas. Wines.
Restaurant-Bar-Lounge

Eigentümer: Patrick R. Weber

Spisergasse 41
CH-9000 St. Gallen

Telefon 00 41 (0) 71 / 2 44 18 18
Telefax 00 41 (0) 71 / 2 20 86 91
www.savannah-food.ch

Die Opulenz der Namen gebenden amerikanischen Südstaatenstadt und die Unbefangenheit der modernen Crossoverküche sind die Erkennungszeichen des stilvollen Lokals Savannah im Herzen der St. Galler Altstadt. Dem Gast sticht sofort die Raum prägende, runde Bar ins Auge, die das kommunikative Herz des Lokals ist und die von einem überdimensionalen Lüster gekrönt wird. Die Atmosphäre ist die einer eleganten Lounge. Dunkle Ledermöbel und ein warmes Farbkonzept laden zum Verweilen ein. Diese fast kolonialistisch-entspannte, heitere Stimmung, die einem im Savannah sofort gefangen nimmt, kommt nicht von ungefähr: Gastgeber Patrick Weber hat in seinem Leben vor der Gastronomie die Kunstgewerbeschule besucht und Dekorationsgestaltung gelernt. Hier ist ein Perfektionist am Werk, der die Decke seines Lokals zwölf Mal hat streichen lassen, bis der Farbton exakt seinen Vorstellungen entsprach. Genauso konsequent ist sein gastronomisches Konzept, das den Gast als König bedingungslos in den Mittelpunkt stellt. Aus diesem Grund gibt es eine riesige, vielseitige Tapas-Karte. Diese kleinen, aufwendigen Köstlichkeiten, die in Spanien zu jedem Glas Wein gereicht werden, bestehen im Savannah aus frischen Zutaten: Innereien, frischer Fisch, die besten Fleischstücke oder feinster roher Schinken und natürlich bestes Olivenöl sind wichtige Ingredienzen für einen Happen, zu dem ein Glas Rotwein oder das Feierabendbier noch besser schmecken. Schon mittags lockt das Savannah mit einer täglich wechselnden Karte, die immer ein Fleischgericht, Pasta, vegetarische Köstlichkeiten und Fisch für die vielen Stammgäste bereithält. An der frischen und liebevollen Zubereitung ändert sich auch bei den Gerichten der großen Karte nichts. Abends verwandeln edle Gedecke die Tische entlang den Wänden und mit ihnen den Raum in ein kultiviertes Speiselokal. Viel indirektes Licht und eine LED-Leuchtenwand, die mit Lichtspielen die perfekte Kulisse für jede Stimmung zaubert, machen diese Metamorphose möglich. Und sobald die Tage etwas länger werden, kommen weitere 86 Plätze auf dem Pflaster der Altstadt hinzu.

Die Idee, nach einem ausgezeichneten Dinner nicht weiterziehen zu müssen, um den Abend mit einem Drink ausklingen zu lassen, kommt bei den Gästen gut an. Ab etwa 22 Uhr wird die Musik lauter, das Licht intimer und der Barbetrieb rückt in den Vordergrund. Jetzt kann man sich entweder auf ein Gespräch und einen Cocktail an die belebte Bar stellen oder man beobachtet von den lauschigen Ecken bei einem weiteren Glas Wein aus der erstklassigen Karte das bunte Treiben. Und weil Schokolade neben ausgesuchtem Wein und hervorragendem Essen eine Stimulans für Seele und Geist ist, bietet das Savannah seinen Gästen eine Auswahl von nicht weniger als zehn delikaten Trinkschokolade-Kompositionen.
Wer im Savannah noch einen Wunsch offen hat, muss eine Seite der Karte überblättert haben.

Lammrückenfilet mit Kräuterkruste auf Rotweinsauce, Bohnen im Speckmantel, dazu Tagliatelle an Oliven-Zucchetti-Pesto

(für 4 Personen)

Zutaten

4 Lammrückenfilets
1 Zucchetti
2 Zwiebeln
50 g Oliven
400 ml brauner Kalbsfond
200 ml Rotwein
1 EL Mascarpone
6 – 8 Scheiben Toastbrot ohne Rinde
100 g Kräuterbutter
360 g Bohnen
12 Tranchen Speck
1 Knoblauchzehe
Salz und Pfeffer

Vorbereitung

Bohnen blanchieren und in Eiswasser abkühlen. Eine kleine Zwiebel mit Knoblauch in Butter andünsten, anschließend mit Bohnen mischen und in Speck einwickeln.
Für das Pesto die Zucchettis mit einer Röstiraffel raffeln und mit Zwiebeln in einer Bratpfanne in Olivenöl andünsten, bis die Zucchettis weich sind. Gehackte Oliven und 1 Esslöffel Mascarpone beigeben und mit Salz und Pfeffer abschmecken.
400 ml brauner Fond mit 200 ml Rotwein kochen und einreduzieren.
Toastbrot ohne Rinde zu Panierbrot (mie de pain) verarbeiten, mit geschmolzener Kräuterbutter mischen, sodass es eine leicht feuchte Masse gibt.

Zubereitung

Lammrückenfilets würzen, anbraten und im Ofen bei 100 – 120 °C fertig garen (circa 10 – 20 Minuten je nach Dicke des Fleisches). Fleisch herausnehmen, mit Senf einstreichen und mit der Kruste etwa 1 Zentimeter dick belegen.
Im Ofen bei 180 °C kurz gratinieren. In der Zwischenzeit die Tagliatelle kochen und Bohnen im Speckmantel wieder anbraten. Anrichten und genießen.

TEEHÜSLI

Betritt man das Teehüsli in der Spisergasse in St. Gallen, dann sollte man zuerst einmal die Augen schließen und die Düfte auf sich wirken lassen. Ein Konglomerat an Wohlgerüchen, das sich zu einem feinen Destillat aus verschiedenen grasigen Teenoten verdichtet, wenn man eine Weile im Laden ist. Öffnet man dann die Augen, fallen vor allem die imposanten Reihen mit den vielen schmucken Dosen, die zum Weiterschnuppern einladen, auf. Schnell wird angesichts der Größe des Angebots klar, dass der Laie professionelle Hilfe braucht, um sich im Teehüsli zurechtzufinden. Was bei Wein die Aufgabe eines ausgebildeten Sommeliers ist, das übernimmt im Teehüsli Marlene Liechti. Geschickt fragt sie nach Vorlieben, beschreibt Aromen und Nuancen und macht deutlich, dass Tee viel mehr sein kann als ein schnödes Aufgussgetränk. Als Expertin weiß sie alles über die richtige Wassertemperatur, Ziehdauer und das notwendige Utensil, um schließlich das wohl älteste Kulturgetränk in der richtigen Konzentration in der Tasse zu haben.

Zunächst unterscheidet man nach dem Grad der Fermentation zwischen grünem, weißem, Olong oder Schwarztee, dann nach dem Anbaugebiet wie beispielsweise Assam, Ceylon oder Darjeeling. Teetrinken kann einer Zeremonie gleichen und, bedenkt man die manchmal fast rituelle Zubereitung, etwas nahezu Religiöses haben. Marlene Liechti kennt ihre Kundschaft und lässt hier schnuppern, empfiehlt dort und schenkt bereitwillig kleine Kostproben von bereitstehenden Teekannen auf Stövchen an ihre Gäste aus. Neben dem großen Sortiment an Schwarz-, Grün- und aromatisierten Tees, deren Aromen sie blumig und nuan-

Teehüsli
Geschäftsführerin: Marlene Liechti

Spisergasse 26
CH-9000 St. Gallen

Telefon 00 41 (0) 71 / 2 22 50 85
Telefax 00 41 (0) 71 / 2 22 50 85

ciert beschreiben kann, hält sie auch viele Früchtetees, ayurvedische Teemischungen, Kräutertees, Wellness- sowie Gewürzteemischungen bereit. Denn tatsächlich ist es so, dass der Tee-konsum – wie eigentlich alles – bestimmten Moden unterworfen ist. Mal sind es die Früchtetees, die besonders beliebt sind, dann wieder wird dem Grüntee eine Krebs vorbeugende Wirkung nachgesagt oder ayurvedische Tees passen zur Yoga-Welle, die gerade en vogue ist.
Immer aber wird man im Teehüsli dazu ermuntert, einmal etwas Neues auszuprobieren, denn selbst für ausgewiesene Teekenner gibt es hier neue Mischungen zu entdecken. Marlene Liechti ist auch die Weitergabe von traditionellem Wissen, beispielsweise über Wirkstoffe in Gesundheitstees, die in unserer schnelllebigen Zeit etwas verloren gegangen sind, ein Anliegen. Dabei kann ein auf Thymian basierender Erkältungstee eine wirkliche Wohltat sein, wenn es in der Nase juckt.

Selbstverständlich kann man im Teehüsli aus einem breiten Angebot an Teekannen, Tassen und Filtern wählen, und natürlich finden sich auch all die süßen Accessoires wie verschiedene Kandiszuckersorten oder Honig in hübschen Gläsern.
Aber es gibt noch mehr zu entdecken: Im Gewürzregal stehen viele, teils orientalische Gewürze, die für das Zubereiten von authentischen asiatischen Gerichten unerlässlich sind. Und sogar für Kaffeetrinker hält das Teehüsli Köstlichkeiten bereit: Die in letzter Zeit so beliebten Sirupkompositionen, die jeden Kaffee im Handumdrehen in ein Trendgetränk verwandeln, sind exklusiv im Teehüsli zu bekommen.
Ein großes Sortiment an Dekorations- und Geschenkartikeln ergänzt das Angebot dahingehend, dass sich viele schmucke Kleinigkeiten, die das Auge erfreuen – mal ein hübsches Windspiel oder eine nette Kindergarderobe –, als Geschenke und Mitbringsel anbieten.

Denn mit kleinen Geschenken verhält es sich genauso wie mit Tee – sie können die Seele wärmen. Das wusste auch schon Shen Nung um 2800 vor Christus: „Tee weckt den guten Geist und weise Gedanken. Er erfrischt das Gemüt. Bist Du niedergeschlagen, so wird Dich Tee ermuntern."

WEINSTUBE ZUM BÄUMLI

Weinstube zum Bäumli

Schmiedgasse 18
CH-9000 St. Gallen

Telefon 00 41 (0) 71 / 2 22 11 74

Das Bäumli ist ein mehr als 500 Jahre altes, typisches St. Galler 1. Stock-Restaurant, dessen Namen auf eine äbtische Schmiede zurückgeht. Nach alten Zeugnissen wurde hier im Haus schon sehr früh eine gastliche Weinstube betrieben. Heute gibt es ebenerdig einen modern eingerichteten Weinladen, der auch als Enoteca für ein kleines Glas im Stehen zusammen mit einem köstlichen Apéro-Plättli mit Fingerfood oder für Stehempfänge genutzt werden kann. Den Gästen werden hier, wie auch im Restaurant, allein im Offenausschank zwölf hochwertige Weine angeboten. Jeder einzelne Wein der umfangreichen Karte ist mit Bedacht und kenntnisreich von der Bäumli-Wirtin Andrea Schirmer zusammen mit verschiedenen Beratern, darunter der einzige „Master of Wine" der Schweiz, verkostet und ausgewählt worden. Dabei ist es ihr ein Anliegen, Weine der wichtigsten Anbaugebiete aber auch noch unbekannter Winzerpersönlichkeiten für ihre Gäste bereitzuhalten.

Eine sanft gewundene Holztreppe führt in den ersten Stock. Dort gibt es zwei Gasträume, die beide stilsicher und stimmig an alte Zeiten erinnern und durch ein winziges Foyer, von dem auch die Küche abgeht, miteinander verbunden sind. Gäste können hier ihre Garderobe ablegen, die in praktischen Wandschränken verschwindet. Da das Bäumli ein Stiftungshaus der Minerva-Verbindung ist, treffen sich die Mitglieder an dem kunstvoll geschnitzten Stammtisch in der niedrigen Holzstube. Eine großbürgerliche, etwas an ein Wiener Kaffeehaus erinnernde Atmosphäre entsteht durch die ehrbaren Herrschaften, die streng aus den alten Bilderrahmen schauen: allesamt Minerva Vorsitzende vergangener Tage. Im holzgetäfelten Beizli mit einer sehr gut erhaltenen, gewölbten gotischen Decke ist die Stimmung gediegener: Viel poliertes Holz und gut gesetzte Akzente durch Jugendstil-

lampen geben dem kleinen Raum einen bescheiden eleganten Charme. Auch hier zeigen vier eng mit Namen beschriebene Holztafeln die Verbindung zur Minerva. Hinter jedem Namen steht der Spitzname des Mitglieds: Lucullus, Wodan und Wirbel lassen im Geiste feucht-fröhliche Feste vorbeiziehen – ganz sicher hat das Bäumli schon viele ausgelassen Feiernde gesehen.
Den räumlich beengten Verhältnissen ist es geschuldet, dass Andrea Schirmer aus der Not eine Tugend machte: Im Bäumli gibt es nur eine kleine, aber umso feinere Karte mit Schweizer Spezialitäten, die etwa alle sechs Wochen wechselt und sich immer an jahreszeitlichen Frischprodukten orientiert. Bäumli-Klassiker wie Kalbsleberli mit feiner Rösti oder die Kutteln an Weißweinsoße sind immer zu haben. Zusätzlich empfiehlt ein kleines Schiefertäfelchen jeden Tag ausgewählte Köstlichkeiten, die nur so lange angeboten werden, wie sie in der Küche vorrätig sind. Das macht den Einkauf einfacher und garantiert den Gästen die absolute Frische aller Zutaten. Küchenchef Alois Bischof versteht sein Handwerk und kocht die typische Schweizer Küche so unverfälscht und ehrlich, wie man sie nur noch selten findet. Sympathisch, dass alle Gerichte auch als kleine Portion zu haben sind: So fällt es leichter, eine Vorspeise zu wählen und auch beim Dessert – verschiedene Käse und Dolci warten darauf, probiert zu werden – drückt nicht das schlechte Gewissen. Im Hausmetzger Wegmann und dem Spezialitätenmetzger Heller aus Heiden, der auch alle kalten Wurstspezialitäten wie Schwartenmagen und Mostbröckli für das Bäumli herstellt, haben Alois Bischof und Andrea Schirmer Mitstreiter für butterzartes Fleisch und harmonisch gewürzte Würste gefunden: Fleisch muss richtig abgehangen und pariert und schließlich respektvoll zubereitet werden.
Sicher ist es sowohl dem heimeligen Ambiente als auch der soliden, sehr guten Küche geschuldet, dass das Bäumli so viele Stammgäste hat – ganz sicher aber ist es das freundlich zuvorkommende Wesen von Andrea Schirmer, die mal quirlig, mal energisch überall gleichzeitig zu sein scheint. Zusammen mit Serviertochter und rechter Hand Angela Senn, die ebenfalls von Beginn an dabei ist, hat sich ein gutes und eingespieltes Team gefunden, das trotz der kurzen Strecken jeden Abend viele Kilometer zum Wohl des Gastes läuft. Mit viel Power und Schwung zeigt sich das Bäumli heute als modernes Traditionslokal, das der Zukunft gelassen entgegen sehen kann.

WIRTSCHAFT ZUR ALTEN POST

Die 1.-Stock-Gaststube der Alten Post in St. Gallen ist so klein und schmuck, dass man sich als Gast fast so fühlt, als säße man bei Conny und Alex Zimmermann im privaten Wohnzimmer: Behaglich und familiär ist die Atmosphäre und geschmackvoll wirkt die dezente Dekoration. An der Wand hängen schlichte Flaschenhalter, die mal mit dekorativen Portweinflaschen gefüllt – fast alle leer getrunken – auf die Leidenschaft des Wirts für einen gepflegten Port verweisen, mal mit verschiedenen Grappa bestückt auf die Vorlieben vieler Gäste eingehen.

Der Ausschank befindet sich im Durchgang zur Küche und die ist sicher kleiner, als die Speisekammer in manchem Haus. Hier wurde vom Herd bis zum Regal für die Töpfe und Pfannen alles so passgenau eingefügt, dass gerade noch zwei Personen hineinpassen, die sich als eingespieltes Team wie in einem still abgestimmten, kunstvollen Tanz um den Herd bewegen.

Im zweiten Stock, den man über eine weitere Stiege erreicht, gibt es noch das Krüsi-Stübli, das – benannt nach dem bekannten St. Galler Künstler Hans Krüsi – bis zu 30 Personen

Wirtschaft zur Alten Post
Conny und Alexander Zimmermann

Gallusstrasse 4
CH-9000 St. Gallen

Telefon 00 41 (0) 71 / 2 22 66 01
Telefax 00 41 (0) 71 / 2 22 66 94
www.apost.ch

Platz bietet. Von außen ist das „Pöschtli", wie das Wirtshaus zur Alten Post liebevoll von den Einheimischen genannt wird, ein sehr schmuckes Fachwerkhaus aus dem 16. Jahrhundert. Die prominenten Nachbarn Dom und Stiftsbibliothek zeugen heute noch davon, dass das Haus früher mitten im Klosterviertel lag.
Der gebürtige Österreicher Alex Zimmermann gesteht, dass er, noch neu in St. Gallen, bereits eine heimliche Liebe zu dem hübschen Haus gefasst hatte und den Schritt in die Selbstständigkeit auch nur gewagt hat, weil die Alte Post plötzlich zu haben war: Wenn selbstständig arbeiten, dann nur hier! Bereut haben er und seine Frau Conny den Schritt nie. Ihr Spagat zwischen Tradition und behutsamer Neuerung wurde von den Pöschtli-Gästen gut angenommen und ihre Devise „Altes neu gedacht" zeigt, dass beide versuchen, aus den örtlichen Verhältnissen und dem beschränkten Raum das Beste herauszuholen. Die übersichtliche Speisekarte ist allein, was die Vorratshaltung angeht, sicher ein Zugeständnis an die winzige Küche – und doch auch ein Gewinn für die Gäste, weil Alex Zimmermann es versteht, seine fast monatlich wechselnde Speisekarte sehr sensibel zu komponieren. Für jeden Geschmack ist etwas dabei und die verschiedenen Möglichkeiten für eine Menüfolge werden dadurch, dass beispielsweise warme Vorspeisen auch als Hauptgericht bestellt werden können, erweitert. Eine Erfolgsidee ist das „Menü Surprise". Die Überraschung besteht darin, dass die Gäste Alex Zimmermann alle Zutaten verraten, die sie nicht gerne essen. Er lässt sich dann aus dem Marktangebot etwas Kreatives einfallen und überrascht seine Gäste mit temperamentvollen und ideenreichen Neuinterpretationen. Kreativität ist sicher eine große Stärke des Österreichers, der zwar St. Galler Spezialitäten wie Bratwurst oder Kalbsleberli mit Rösti neben einem „urchigen" St. Galler Menü anbietet, auf seiner Karte aber auch feine Eigenkreationen wie beispielsweise Leberwurstravioli mit Champagnersauerkraut oder edles irisches Angus Rindsfilet hat.

Trotzdem kocht Alex Zimmermann weniger für Auszeichnungen, die er mehr en passant einheimst, sondern für das Lob seiner Gäste – wieder ein Vorteil des kleinen Hauses: Die Küche ist sehr nah an der Gaststube und positive Reaktionen dringen so direkt zum Maître persönlich vor und sind ihm täglich aufs Neue der liebste Lohn für sein Tun.

Rieslingschaumsuppe mit St. Galler Klosterkäse

Zutaten
1/2 Zwiebel
300 ml Riesling
500 ml Halb- oder Vollrahm
300 ml Hühner- oder Gemüsebouillon
Butter
80 g St. Galler Klosterkäse
Jungzwiebel fein geschnitten zum Garnieren
Maizena Express oder Helle Roux zum Binden

Zubereitung
Fein geschnittene Zwiebel mit der Butter im Topf ohne Farbe andünsten. Anschließend mit Riesling ablöschen und mit der Bouillon und dem Rahm auffüllen.
Das Ganze circa 10 Minuten leicht köcheln lassen, dann mit Maizena oder Roux abbinden und anrichten.
Klosterkäse mit der Röstiraffel reiben und in die Suppe streuen.
Mit der geschnittenen Jungzwiebel und etwas Schlagrahm kurz vor dem Servieren garnieren.

METZGEREI SCHMID

Metzgerei Schmid

Inhaber und Geschäftsführer: Oscar Peter

St. Jakob-Strasse 48
CH-9000 St. Gallen

Telefon 00 41 (0) 71 / 2 44 81 32
Telefax 00 41 (0) 71 / 2 44 81 75
www.metzgereischmid.ch

Oscar Peter, Inhaber der Metzgerei Schmid, ist stolz darauf, für die aufwendige Pflege der wohl bekanntesten „St. Gallerin" täglich unmittelbar verantwortlich zu sein: Die weltberühmte St. Galler Bratwurst ist der Star der Metzgerei Schmid. Die unverwechselbare Qualität der Schmidschen St. Galler Bratwurst fängt schon vor der Produktion an. Es wird nur allerbestes Kalbfleisch von persönlich bekannten Produzenten verwendet. Denn schließlich kommt hier in die Wurst, was anderswo als delikates Bratenstück oder feines Voressen über die Verkaufstheke wandert. Keine Innereien, kein Schweinefleisch und keine Reststücke kommen Oscar Peter in seine heilige Bratwurst, die für ihn ein Kulturgut und Aushängeschild der Stadt St. Gallen ist. So eine pralle „St. Gallerin" muss natürlich frisch sein. Deshalb produziert die Metzgerei Schmid ihre Bratwürste sechsmal die Woche und versendet sie an 1700 Gourmets im In- und Ausland. Eine Theorie eingefleischter St. Galler sagt, dass sich ein St. Galler in der Fremde nicht nach seiner schmucken Stadt, dem Kloster oder kurz der Heimat sehnt, sondern einfach nicht ohne St. Galler Bratwurst sein kann. Was macht also den Geschmack dieser Wurst so einzigartig? Neben bestem Kalbfleisch darf etwas Speck nicht fehlen, die Milch natürlich, die nur in der St. Galler erlaubt ist, Kochsalz, Pfeffer, Muskat und eine winzige Prise Phosphat. Alle Zutaten werden bei der Metzgerei Schmid in einem Cutter zu feinsämigem Brät vermengt, das dann mit viel Fingerspitzengefühl in Handarbeit in die hauchdünnen Naturdärme gefüllt wird. Die Würste müssen jetzt noch für etwa eine halbe Stunde ins heiße Wasser und fertig ist die ganze Herrlichkeit. Jetzt ähneln die Kalbsbratwürste ein bisschen einer nackten Münchner Weißwurst und tatsächlich erzählt Oscar Peter, dass er persönlich seine Wurst auch gerne kurz in heißem Wasser ziehen lässt und genauso unschuldig und unverfälscht zum Z'Morge genießt. Duft und Geschmack der St. Galler kommen hier am besten zur Geltung. Klassisch ist allerdings die Zubereitung auf dem Grill. Im Bürli, einem knusprigen Brötchen, ist die St. Galler Bratwurst einst an der Olma Messe zum Exportschlager und Markenzeichen der Stadt geworden. Eine unkomplizierte Delikatesse auf die Hand ist sie noch heute. Selbstverständlich isst man eine solche Köstlichkeit ohne Senf, der nur den einzigartigen Geschmack verfälschen würde. Verlangt man Senf oder gar Ketchup, hat man sich noch vor dem ersten Bissen als ignoranter Auswärtiger zu erkennen gegeben. Die dritte Zubereitungsart, die in der Pfanne gebratene Wurst, ist mittlerweile, zusammen mit Zwiebelsoße und Rösti serviert, in nahezu der ganzen Schweiz ein währschaftes und beliebtes Gericht, das auf keiner Karte mit traditionellen Schweizer Speisen fehlen darf.

Oscar Peter, der ungekrönte König der St. Galler Bratwurst, ist stolz darauf, dass die Metzgerei Schmid seit mehr als 80 Jahren ihren eigenen hohen Qualitätsanspruch und vor allem den der weitläufigen Kundschaft erfüllen kann. Denn ein solches Niveau zu halten, ist die eigentliche Kunst.
Selbstverständlich verkauft die Metzgerei Schmid auch Aufschnitt und gut abgehangenes Fleisch. Das Personal ist fachkundig geschult und berät versiert in Sachen Rezept und Zubereitungsart. Zudem gibt es jeden Mittag in der Wärmetheke ein komplettes Menü und ein ausgeklügelter Lieferservice ersetzt manchem St. Galler den Gang in die Kantine. Und doch, ein Blick auf das Bestellformular, das auch online verfügbar ist, zeigt: Bei der Metzgerei Schmid geht's um die Wurst. Ob Kleine Bratwurst, Olma- oder Kinderfestwurst – sie unterscheiden sich nur in ihrem jeweiligen Gewicht – Cipollata, Schweinsbratwurst, Appenzeller Siedwurst, Knacker, Schüblig, Spezial-Schüblig, Thurgauer, Stumpen oder Schützenwurst – nach Oscar Peter könnte diese Aufzählung wohl endlos so weitergehen. Doch alles hat ein Ende.

FEINBÄCKEREI SCHWYTER

Längst kommt nicht mehr alles aus dem Ofen, was bei Schwyter angeboten und verkauft wird, auch wenn im Hauptgeschäft an der Neugasse die Backöfen direkt im Blickfeld der Kunden und Frische und Ofenwärme spürbar sind. Neben vielen verschiedenen Brotsorten, Semmeln, Brezeln und Kuchen – in St. Gallen heißen sie Fladen – gibt es auch Pizza vom Blech und verschiedene süße Gebäcke. Mit zusätzlich angebotenen Snacks und diversen Salaten wird den heutigen Kundenwünschen entsprochen.
Traditionelle Handarbeit ist hier noch immer angesagt: Alles Brot wird von Hand gewogen und geformt, und die Hausrezepte sind noch immer die gleichen wie zu Großvaters Zeiten, auch wenn Mehlsilo, Knetmaschine und andere technische Hilfsmittel die Arbeit heute erleichtern und die Abläufe rationell gestalten. Nach wie vor wird jedes Bürli – eine St. Galler Spezialität in symbiotischer Harmonie mit der berühmten St. Galler Bratwurst – bei Schwyter von Hand aus dem Teig gebrochen und als Doppelbürli im heißen Ofen zu jener Spezialität gebacken, die nur dann echt ist, wenn das luftige Bürli beim Brechen dunkle, mehlige Spuren auf Tisch und Tischtuch hinterlässt. Augenmaß und Handgewicht sind der einzige Garant für die erwünschte, gleichmäßige Größe. Ein Bürli ist für St. Galler etwas ganz Besonderes: Knusprig soll es aussehen, innen duftig weich, feucht und luftig sein – ganz egal, ob 500 oder 5 000 Stück zu backen sind. Schwyter hat neben seinen berühmten Bürli noch rund 20 andere Sorten Klein- und weitere geschätzte 20 Sorten Großbrote im

Feinbäckerei Schwyter,
Schwyters Catering

Neugasse 16
CH-9004 St. Gallen

Telefon 00 41 (0) 71 / 2 28 50 50
Telefax 00 41 (0) 71 / 2 28 50 55
www.schwyter.com

täglichen Sortiment. Doch im Repertoire der Bäckermeister befinden sich auch noch viele saisonale Rezepte wie Marroni- oder Kürbisbrot. Jede Woche stellt Patrick Schwyter, er hat den Familienbetrieb von seinen Eltern übernommen, seiner Kundschaft ein „Brot der Woche“ und einen „Snack der Woche“ vor. Hier nutzt der Fachmann die Möglichkeit, seiner Stammkundschaft Abwechslung zu bieten und gleichzeitig die eigene Vielseitigkeit zu demonstrieren. Hinzu kommen außerdem viele süße Gebäckstücke und saisonale Köstlichkeiten wie Erdbeer-Jalousien oder Rhabarberkuchen. Neue Rezepte werden im Team der Bäckermeister entwickelt und dann in der großen Runde zusammen mit dem Verkaufspersonal kritisch verkostet. Diese täglichen Zusammenkünfte sind wichtig, damit Kundenwünsche über Rückmeldungen der Verkäuferinnen in der Backstube ankommen und Berücksichtigung finden.
So kann Patrick Schwyter zusammen mit dem Team dem Anspruch gerecht werden, immer besser zu werden und im Dialog mit der Kundschaft Wünsche zu erfahren, die er, wenn irgendwie möglich, auch erfüllt.
Längst ist Schwyter aber auch für seinen täglichen Suppentopf bekannt: Es gibt nicht nur Kaffee – selbstverständlich auch zum Mitnehmen –, bei Schwyter wird auch jeden Tag eine heiße Suppe serviert. Ein Angebot, das begeistert angenommen wird – nicht zuletzt deshalb, weil die kreativen Schwyter-Köche sich jeden Tag schmackhafte, nicht immer ganz alltägliche Kreationen ausdenken. Die Schwyter-Köche kochen eigentlich für die drei eigenen Bäckerbistros. Hier wird neben den bewährten Backspezialitäten jeden Tag zu fairem Preis ein Bistro-Menü serviert. Ein Angebot, das sowohl bei Angestellten, Studenten und Schülern, wie auch bei Bewohnern aus dem Quartier ankommt. Auch das fast täglich nachgefragte Catering fordert die logistische Kompetenz und die kulinarische Erfahrung der Schwyter-Küche: Für bis zu 500 Personen werden vom einfachen Znüni bis zum mehrgängigen, festlichen Diner alle Varianten der Bewirtung zu lukullischen Genüssen angeboten.
Die mehr als 100-jährige, erfolgreiche Firmengeschichte spricht für sich: Das ehrliche Handwerk stand hier zu jeder Zeit zum Wohl der Kundschaft im Vordergrund. „Der Tradition verbunden, dem Neuen aufgeschlossen“ ist deshalb mehr als ein Leitspruch, der das Erfolgskonzept der Bäckerei Schwyter umschreibt. Es ist vielmehr die Garantie für die St. Galler Bevölkerung, dass ihr Bäcker auch in Zukunft sehr früh aufstehen wird, um am Morgen die herrlich duftenden, noch ofenwarmen Köstlichkeiten bereit zu halten. Glückliches St. Gallen!

Ein bisschen von New Yorks Upper East Side mitten in St. Gallen: Das david38 strahlt weltmännische Urbanität und lässige Eleganz aus. Schwarzer Lack, ein glänzender Flügel und sanfte Champagnertöne schaffen eine Atmosphäre von vornehmer Noblesse. Die Küche zeigt sich ebenfalls weltgewandt: Asiatische Einflüsse, ein paar Spritzer mediterrane Leichtigkeit sowie die kunstvolle Perfektion der französischen Haute Cuisine mischen sich hier zu einem ganz eigenen, in St. Gallen derzeit sehr populären Stil, der die deutliche Handschrift der Familie Nett trägt.
Köbi Nett, der Spitzenkoch, steht zwar nur noch selten selbst in der Küche, es ist aber sein ausgemachtes Hobby, seinen Restaurants ein unverwechselbares Gesicht zu geben. Leidenschaftlich und detailverliebt tüftelt er an der jeweiligen Einrichtung und entwickelt dann passend zum einmal gefundenen Style gemeinsam mit seinem Team das kulinarische Konzept. Für das david38 fasst dies ein chinesisches Schriftzeichen zusammen, das „Der Mensch im Mittelpunkt" bedeutet. Übertragen auf die Küche heißt das, dass die Gerichte aus den besten aromareichsten Frischprodukten hergestellt werden, die zu bekommen sind, und Küchenchef Brian Counsel daraus seine kreativen Menüs mit viel Fantasie zum Wohl – und manchmal zur Überraschung – seiner begeisterten Gäste kocht.
Bei einer täglich wechselnden Abendkarte und einem großen À-la-carte-Angebot ist es erfreulich, dass alle Menüs auch in einer kleineren Version – in der Diktion der Gastgeber in „David- oder Goliath-Portionen" – zu haben sind. Die gut bestückte Weinkarte verzeichnet viele heimische Tropfen und europäische Klassiker, verzichtet aber auch nicht auf Spitzenweine aus der Neuen Welt.
Das Konzept des david38 – Kaffee- und Barkultur mit ambitionierter Kochkunst und Musik zu vereinen, wurde für St. Gallen entworfen, würde – respektive wird! – aber sicher in Berlin oder Paris ebenso aufgehen.

david38
Restaurant, Bar, Lounge
Inhaber: Familie Nett

Davidstrasse 38
CH-9004 St. Gallen

Telefon 00 42 (0) 71 / 2 30 28 38
Telefax 00 42 (0) 71 / 2 30 28 39
www.david38.ch

NETTS SCHÜTZENGARTEN

Die Familie Nett wollte, als sie das bis dahin glücklose Restaurant der Brauerei Schützengarten unter ihren Namen genommen hatte, vor allem ehrliche Gerichte zu einem guten Preis anbieten. Bei ihnen sollte sich der Arbeiter an der Bar genauso wohlfühlen wie der Stadtpräsident beim mehrgängigen Menü – oder der Direktor beim Feierabendbier an der Bar und der Angestellte mit Freundin beim Menü: kurz – das netts wollte ein Brauereilokal sein, das ein breites Publikum anspricht und seinen Gästen eine gute Küche bietet. Heute, sieben Jahre später, kann man sagen, dass das netts nicht zuletzt durch den souveränen Patron und renommierten Koch Köbi Nett, der immer wieder jungen „wilden" Köchen eine Chance gab, zu einer festen Institution in St. Gallen geworden ist. Das netts, wie bereits der Name andeutet, ist ein Gemeinschaftsprojekt der ganzen Familie: Pia Nett kümmert sich um die Finanzen und die Administration, Sohn Oliver Nett, selbst ausgebildeter Gastronom, ist überall, wo gerade eine Hand fehlt, und für die weiteren netts-Gastronomie-Betriebe verantwortlich. Seine Frau Roos hat die Organisation des Service und der Mitarbeiter fest im Griff und ist die charmante Gastgeberin. Und alle betreiben sie kunstvolle Tiefstapelei, wenn es darum geht, über ihr Restaurant zu sprechen. Denn das netts ist längst eines der ersten Häuser am Platz. Entscheidend ist das gleichbleibend kulinarisch hohe Niveau gepaart mit der genussvollen, mutigen Experimentierfreude des jungen Küchenteams. Stefan Wagner, Küchenchef mit Haarpracht in Form einer punkigen Krone, erfindet unter unverdächtigem Titel von Schweizer und internationalen Klassikern ungeahnte Köstlichkeiten für Gaumen und Auge. Neben dem jährlich mit höchsten Auszeichnungen prämierten Bier der Brauerei Schützengarten, nimmt selbstverständlich auch die Weinkarte des Restaurants den Standard der Gerichte auf und bietet neben zahlreichen Weinen im Offenausschank fast 300 Positionen. Für Weinkenner lassen sich hier ungeahnte Schätze heben, denn Oliver Nett hat ein Faible für Einkäufe charaktervoller Weine aus ganz Europa. Autochtone Sorten und biodynamischer Anbau spielen dabei eine immer größer werdende Rolle. Frei nach einer alten Volksweisheit gilt also: So richtig nett ist's nur im netts.

netts schützengarten

St. Jakobstrasse 35
CH-9004 St. Gallen

Telefon 00 41 (0) 71 / 2 42 66 77
Telefax 00 41 (0) 71 / 2 42 66 78
www.netts.ch

METZGEREI GEMPERLI

Metzgerei Gemperli
Ernst Sutter AG

Schmiedgasse 34
CH-9000 St. Gallen

Telefon 00 41 (0) 71/ 2 22 37 23
Telefax 00 41 (0) 71 / 2 23 73 13
www.gemperli.ch

Wie kommt es nur, dass die St. Galler ihre Bratwurst so lieben? Oder sind gar alle Schweizer im tiefsten Inneren eingefleischte Wurstliebhaber? Wer im Zusammenhang mit der Schweiz nur an Birchermüesli und die Löcher im Käse denkt, der irrt jedenfalls. Bereits 1438 erwähnte die Metzgerzunft von St. Gallen die Bratwurstherstellung erstmals. Damals waren die Schweizer noch ein bäuerliches Volk, das sein täglich Brot der Natur abtrotzen musste: Verständlich also, dass oft währschafte Köstlichkeiten auf dem Speisezettel standen, und nachvollziehbar, dass sich die mittelalterliche Metzgerzunft dafür einsetzte, dass bestimmte Qualitätsmerkmale eingehalten wurden. Die Vorliebe für „urchige" Kost ist allerdings auch dem Banken- und Wissenschaftsstandort Schweiz geblieben. Und St. Gallen ist die offizielle Schweizer Wursthochburg. Nirgendwo sonst ist es ein solches Sakrileg, die in der ganzen Schweiz geliebte St. Galler Bratwurst mit Senf zu essen, nirgendwo sonst ist der Duft nach „Gebröteltem" so fest mit dem Stadtbild verwoben.

Die traditionsreiche Metzgerei Gemperli, bei Einheimischen wegen ihres Straßenverkaufs auch als „heiße Egg" bekannt, gilt bei St. Galler Wurstfans als Geheimtipp, auch wenn der Verkauf auf der Gasse mittlerweile auch andere täglich frische Fleischgerichte, Vegetarier-Menüs und Salate umfasst, die von den vielen Stammkunden gerne als Alternative zur Firmenkantine oder als unkompliziertes, delikates Mittagessen gekauft werden. Beim jüngsten Ladenlokal-Umbau des Traditionshauses wurde den veränderten Ess- und Einkaufsgewohnheiten der Kundschaft Rechnung getragen. Heute zeigt sich die Metzgerei als Einkaufsmekka für Feinschmecker: Helle Farben, Pflanzen und Stehtische vermitteln eine freundliche, mediterrane Atmosphäre. Und das Angebot reicht von frischem Fleisch und erlesenen Wurstwaren bis zu täglich mehrmals zubereiteten Sandwiches und Canapés. Einen immer größer werdenden Freundeskreis haben speziell die Frischteigwaren und die vegetarischen Menükomponenten, die den Kunden im Handumdrehen das Zubereiten eines vollwertigen, gesunden Menüs am heimischen Herd ermöglichen. Essig- und Öl-Spezialitäten runden das Sortiment für den Feinschmecker ab.

Die St. Galler Bratwurst hat für die Metzgerei Gemperli, nicht nur wegen des erfolgreichen Straßenverkaufs, eine ganz eigene Bedeutung. Waren es doch die Gemperli-Gebrüder, die als erste in der Schweiz bereits in den 50er-Jahren ihren Kunden zahlreiche Produkte in konsumentenfreundlichen Selbstbedienungspackungen anboten. Die Herstellung von Konserven im eigenen Haus und eine gut ausgebaute Traiteurabteilung mit drei Köchen vervollständigten damals die Dienstleistungen der Metzgerei. Die unkomplizierte St. Galler Bratwurst – in ihrer Schlichtheit eine Delikatesse – passte damals wie heute gut in die Firmenphilosophie. Mittlerweile gehört die Metzgerei Gemperli zur Ernst Sutter AG und hat sich ganz der Herstellung und dem Vertrieb von St. Galler Spezialitäten verschrieben. Der Verantwortung, die mit der Herstellung des kulinarischen Aushängeschildes der Gallus-Stadt einhergeht, ist man sich bei Gemperli bewusst: Nur beste Rohzutaten kommen in die Wurst.

Im Jahr 1438 sprach die St. Galler Metzgerzunft von „schwininem Braten, und darunter hacken gut Kalbelen unnd jung Ochsen, unnd namlich under acht Pfund Braten ain Pfund Speck tun und nit minder", und im Großen und Ganzen hat sich wenig an den Zutaten geändert: frisches Kalbfleisch, frische Milch, kerniger Speck und wenige Gewürze wie Pfeffer und Macis (Muskatblüte). Was wäre St. Gallen ohne seine Bratwurst? Bei Gemperli mag man sich einen schönen Sommertag, die berühmte Olma Messe, ein spannendes Fußballspiel oder das traditionsreiche Kinderfest gar nicht ohne Bratwurst vorstellen.

Es war der Schweizer Mönch, Journalist und Aphoristiker Walter Ludin, wohlgemerkt ein Luzerner, der den wahren Ausspruch tat: „Was dem einen Wurst, ist dem anderen Delikatesse". Für Gemperli ist das keine Frage, nimmt man den Slogan wörtlich. Gemperli: wenn's um die Wurst geht!

RESTAURANT FONDUE BEIZLI

Restaurant Fondue Beizli
Inhaber: Stefan Schmidhauser

Brühlgasse 26
CH-9000 St. Gallen

Telefon 00 41 (0) 71 / 2 22 43 44
Telefax 00 41 (0) 71 / 2 22 54 96
www.fonduebeizli.ch

Was mag Stefan Schmidhauser wohl vor fünf Jahren bewogen haben, nach illustren Stationen in der ganzen Welt seine prestigeträchtige Stelle als Food- and Beverage-Direktor eines kanadischen Fünf-Sterne-Hotels aufzugeben, um das traditionsreiche Fondue Beizli Neueck in der St. Galler Altstadt zu übernehmen? Ein wichtiger Grund war bestimmt, dass seine Mutter Margrit Pokora in 26 Jahren dieses St. Galler Wahrzeichen zu dem gemacht hat, was es heute ist: ein Inbegriff ehrlicher, bodenständig guter Schweizer Küche.

Wie der Name schon sagt, gibt es im Fondue Beizli Käsefondue, das hier in allen Facetten zelebriert wird: das bekannte „Moitié Moitié" aus Freiburger Vacherin und Gruyère mit einem Schuss Kirschwasser oder das rassige „Herren Fondue" mit Sambal, Paprika und Zwiebeln neben einem „Indienne Fondue" mit Curry, Ananas und Birnenwürfeln und noch sieben weiteren Käsefonduekreationen. Fleischfondue oder heißer Stein sind weitere gesellige Spezialitäten mit Eventcharakter, die im Fondue Beizli serviert werden. Wobei vor allem die vielen hausgemachten Saucen und das erstklassige, kritisch ausgewählte Fleisch aus der Region für den Erfolg verantwortlich sind. Qualität setzt sich immer durch, so Stefan Schmidhausers Credo und Erfahrung. Denn viele Beizli-Klassiker von heute wurden einst nur für ein paar Wochen auf die Karte genommen und dann von den zahlreichen Stammgästen so lange immer wieder nachgefragt, bis Stefan Schmidhauser sich schließlich dem Wunsch seiner Gäste beugte. So hat es auch der Beizli-Spieß, als Grillsensation für heiße Sommertage konzipiert, mittlerweile zu seinem festen Platz auf der Karte geschafft. Der Beizli-Spieß sieht so aus, als hätte man auf einer Hellebarde die feinsten Fleischstückchen aufgespießt,

RESTAURANT FONDUE BEIZLI

um sie dann langsam über dem offenen Feuer zu „brötele". Einfach köstlich.
Eine große Variation an handgemachten Spätzli und geräucherten Bündner Spezialitäten, zahlreiche Fleischgerichte oder kleine Delikatessen wie Weinbergschnecken aus dem Töpfli nach französischem Rezept runden die große Karte der Schweizer Köstlichkeiten ab.
Ergänzt werden diese Beizli-Klassiker durch zahlreiche, schön im saisonalen Wechsel angebotene Spezialitäten, die auch die täglich wechselnde Mittagskarte prägen: Hier gibt es neben einem Wochenhit stets drei Menüs zur Wahl, die aus marktfrischen Zutaten für jeden Gast neu zubereitet werden.
Kaum einer der Gäste verirrt sich zufällig ins Beizli – viele Gäste sind Stammgäste, Einheimische, Handwerker oder Studenten. Hinzu kommen zahlreiche Touristen aus aller Welt, die die einmalige heimelige Chalet-Atmosphäre des Fondue Beizli genießen wollen. Schon deshalb ist es für Stefan Schmidhauser das ausgemachte Ziel, das hohe Niveau dauerhaft zu halten, das seine

Gäste von nah und fern von seiner Küche und ihm gewöhnt sind. Selbstverständlich ist auch der Service im Beizli ein großes Thema. Es werden nur hervorragende Servicekräfte – einige schon seit vielen Jahren – beschäftigt, die meistens eine Fremdsprache sprechen – denn im Beizli soll sich einfach jeder wie zu Hause fühlen.

Käsefondue „Moitié Moitié"

(für 1 Person)

Zutaten

100 g rezenter, gut gelagerter Gruyèrekäse, grob gerieben
100 g cremiger Frieburger Vacherin, grob gerieben
10 g Mehl unter den Käse mischen
1–2 Knoblauchzehen
100–150 ml trockener Weißwein, säurereich wie z. B. Chasselas oder Riesling-Sylvaner
1 Prise Muskatnuss
1 Prise weißer Pfeffer
ca. 200 g Halbweißbrot, in mundgerechte Stücke geschnitten

Zubereitung

Das Caquelon (Fondue-Topf) mit zerquetschten Knoblauchzehen ausreiben und 3/4 des Weißweins beigeben. Käse mit Mehl mischen und unter ständigem Rühren langsam nach und nach mit dem Weißwein aufkochen. Mit Muskat und Pfeffer würzen, eventuell etwas Wein nachgeben. Caquelon auf vorbereitetes Fondue-Rechaud setzen. Das Käsefondue sollte eine dickflüssige, cremige und gebundene Konsistenz aufweisen. Neben dem Brot können auch Pellkartoffeln, Silberzwiebeln, Essiggurken, Apfelwürfel und andere Früchte gereicht werden.
Mit einem Gläschen Kirschwasser servieren, um die Brotwürfel darin zu tunken.

Ungleiche Geschwister links und rechts des Rheins: Werdenberg und Liechtenstein

Liechtenstein, das nur 25 Kilometer lang und sechs Kilometer breit ist, hat sich erst in den letzten 50 Jahren zu einem modernen Staat gemausert. Die Tatsache, dass Liechtenstein innerhalb nur einer Generation den Sprung vom europäischen Armenhaus zu einem Staat mit einem der weltweit höchsten Bruttoinlandsprodukte geschafft hat – seit 1960 hat sich das Bruttoinlandsprodukt nominell mehr als verzwanzigfacht –, zeigt sich überdeutlich am Siedlungsgefüge: In Liechtenstein ist vieles modern oder herausgeputzt, eine historische Spurensuche hingegen eher schwierig. Was nicht heißen soll, dass hier eine Glasfassade neben der

anderen steht, denn tatsächlich hat auch das kleine Liechtenstein viele Gesichter. Da gibt es die Hauptstadt Vaduz als Minimetropole mit moderner Architektur, repräsentativen Bankgebäuden und Museen, in der jede Ecke Reichtum atmet. Demgegenüber stehen Orte wie das verschlafene Triesenberg oder der beliebte Ferienort Malbun, die in die einmalige Natur- und Berglandschaft eingebettet sind. Von Malbun fährt eine Seilbahn hinauf zum Sareis (2360 Meter über dem Meer).

Vorbei an Kiefern und über karge Wiesen führt von dort ein Pfad weiter aufwärts zum Augustenberg. Hier oben öffnet sich dem Betrachter ein majestätischer Ausblick: Säntis, Rätikon, Alvierkette, dahinter die Glarner Alpen und in Richtung Süden die Gipfel der Bündner Berge. Die im Berggebiet noch bewirtschafteten Almen geben außerdem einen Eindruck vom einfachen, bäuerlichen Leben, wie es vor nur einem halben Jahrhundert wohl noch im ganzen Land geführt wurde.

Im Jahr 1842 betrat mit Fürst Alois II. überhaupt erstmals ein Regent sein kleines Ländchen, und erst seit dem Jahr 1938 wohnt mit Fürst Franz Josef II. der regierende Monarch auch in seinem Zwergstaat: Tatsachen, die die historische Bedeutungslosigkeit Liechtensteins weiter untermauern. Von der bäuerlichen Vergangenheit ist heute jedoch wenig zu spüren, denn vor allem das Anziehen der Exportwirtschaft in der Nachkriegszeit und natürlich die Standortvorteile als Finanzplatz haben Liechtenstein diesen gigantischen Aufschwung ermöglicht.

Hinzu kommen die günstige geografische Lage und die niedrige Besteuerung, die für viele internationale Firmen zusätzliche Anziehungskraft hat. Dass Liechtenstein wegen der jüngsten Steueraffäre international an Prestige verloren hat und seinen Ruf nachhaltig geschädigt sieht, ist wohl die andere Seite der bis dahin fulminanten Erfolgsgeschichte. Dennoch punktet Lichtenstein immer noch vor allem mit seiner traumhaften Lage: Das im Rheintal übliche milde Klima gepaart mit der einmaligen Bergwelt und unberührter, sorgsam geschützter Natur machen es zum sehr attraktiven Urlaubsgebiet: Von anspruchsvollem alpinem Sport bis zum Plausch mit der ganzen Familie ist hier alles geboten und liegt – wie man sich gut vorstellen kann – nah beieinander!

Der Bezirk Werdenberg, der Liechtenstein auf Schweizer Seite des Rheins gegenüberliegt, tickt in vielem gerade umgekehrt: Das namengebende Städtchen Werdenberg mit seinem Schloss ist mit rund 40 Häusern die kleinste Stadt der Schweiz und könnte einem Lehrbuch der mittelalterlichen Holzbaukunst entnommen sein. Sicher hat das 20. Jahrhundert auch auf linksrheinischer Seite nicht haltgemacht, Hightech-Industrie und Wohlstand sind aber nicht so ins Auge stechend wie im kleinen Nachbarstaat. Werdenberg mauserte sich in den letzten Jahren vielmehr zum touristischen Geheimtipp. Zwischen Weinbergen und Streuobstwiesen wandert man aufwärts und genießt die einmalige Bergwelt. Neben zahlreichen alpinen Routen, die auch den erfahrenen Bergwanderer herausfordern, bietet das Werdenberg eine ganze Handvoll Themenwege, die sich großer Beliebtheit erfreuen: „Sagenweg", „Trübli"- oder „Schluchtenweg" sind vor allem für Kinder ein großer Anreiz, für Erwachsene aber nicht minder interessant und informativ. Ein breites Netz an Radwegen lädt außerdem zu Touren mit der ganzen Familie ein und en passant bieten sich dem Betrachter viele Zeugnisse vergangener Zeiten: Burgen, Siedlungsreste der Walser und kleine Pfarrkirchen aus Spätgotik oder Barock. Ein ganz besonderes Erlebnis ist eine geführte Schneeschuhwanderung im Werdenberg, die – und das ist sicher selten – auch als Vollmondwanderung angeboten wird.

Die Speisekarte links und rechts des Rheins dürfte von früher her die gleiche gewesen sein. Einfach und sättigend waren die traditionellen Speisen der bäuerlichen Gesellschaft, die sich vor allem von dem nährte, was Feld- und Milchwirtschaft abgab: „Törkarebl", ein dicker Maisbrei und „Hafaläb", ein Hafergericht kann man heute nur noch selten probieren. Regionale Klassiker wie Käsknöpfli mit Apfelmus – die in der ganzen Schweiz beliebt sind – finden sich hingegen auf vielen Speisekarten. Überhaupt gehört der Käse in allen Variationen zur Schweizer Küche und wo Käse ist, sind Sahne und Butter natürlich nicht weit: Die Schweizer Küche ist sehr kalorienhaltig! Was sicher auch daher kommt, dass sie ursprünglich für die hart arbeitende Landbevölkerung gedacht war – und heute auch Touristen und Städter noch immer so glücklich macht wie eh und je!

OSPELT METZGEREI

Ospelt Metzgerei AG

Lindenplatz
FL-9494 Schaan

Telefon 0 04 23 / 2 37 49 70
Telefax 0 04 23 / 2 37 49 75
www.ospeltag.com

Liechtenstein ist zwar an Fläche klein, aber ein großer boomender Wirtschaftsstandort. Und so verschieden hier die Kundschaft ist – berufstätige Mütter, Angestellte, Hausfrauen, Manager –, so unterschiedlich ist das Angebot der Ospelt AG: „Für jeden etwas – für alle ein Genuss". Das ist die seit Generationen unveränderte Unternehmensphilosophie, die die Betriebszweige Metzgerei, Feinkost, Catering und Gastronomie der Familie Ospelt zusammenhält.

Seit mehr als 100 Jahren gibt es die Metzgerei, die sich nicht zuletzt wegen ihres gleichbleibend hohen Niveaus zum Vier-Sparten-Betrieb entwickelt hat. Und obwohl heute mehr als 100 Festangestellte für Ospelt arbeiten, ist es noch immer die Familie, die den Betrieb im Innersten zusammenhält. Bereits 1894 gründet Julius Ospelt, der Urgroßvater des heutigen Firmenchefs, die Metzgerei. Seine Enkelkinder Werner und Herbert teilten den Betrieb. Herbert übernahm die eine Filiale in Vaduz und stieg sehr erfolgreich in die industrielle Produktion ein, aus der die heutige Malbuner Gruppe hervorgegangen ist. Werner Ospelt übernahm die andere Filiale in Schaan und setzte weiter auf Kundennähe und hohe Qualität. Er ist damit nicht minder erfolgreich. Werners Sohn Albert ist der heutige Firmenleiter. Für Albert Ospelt ist es deshalb selbstverständlich, dass sein eigener Sohn Philipp, als Repräsentant der fünften Generation, sein Handwerk in allen Bereichen von der Pieke auf erlernte. Denn der Name Ospelt steht in Liechtenstein und Region für Frische, herausragende Qualität und erstklassigen Service. Bei Ospelt sollen sich alle gut beraten und bedient fühlen, denn – so die Überzeugung des Firmenchefs – gutes Essen ist keine Frage des Geldbeutels, sondern in erster Linie eine Frage der Lebensphilosophie.

Und tatsächlich: Rund ums Essen bleiben keine Wünsche offen. Das Angebot in der Metzgerei bietet neben erstklassigen Fleisch- und Wurstwaren aus eigener Herstellung auch noch zahlreiche Frischteigwaren, eine sehr gut gefüllte Fischtheke, eine hervorragend sortierte Käseauswahl, ein abwechslungsreiches Salatbüfett und täglich frisch zubereitete, wechselnde Mittagsmenüs. Ergänzt wird diese Auslage durch ein umfangreiches Angebot an exklusiven Delikatessen, die einen Besuch bei Ospelt allein schon zu einem Fest für Auge und Nase machen.

Der visionäre Umbau der Metzgerei, deren Fläche sich fast vervierfacht hat, zeigt die Zukunft der Firma. Hier soll der Kunde König sein und sich auch so fühlen. Und damit die Kundschaft die Freude an kulinarischen

Erlebnissen noch vertiefen kann, ergänzen Kochkurse, Degustationsabende und Vortragsreihen rund ums Thema die breite Produktpalette. Denn die Ospelts haben so viel Leidenschaft fürs Essen, dass sie gerne etwas davon abgeben möchten.
Fürstlich ist das Angebot des Catering-Services. Denn es sind nicht nur die erlesenen Köstlichkeiten, die die hauseigenen Köche immer wieder zaubern, sondern vor allem das aufmerksame und fachkundig geschulte Servicepersonal und die stimmigen Dekorationen, die jedes Ereignis – egal ob Business-Apéro oder Bankett – zum Erlebnis werden lassen. Vom kleinsten Detail des Tischschmucks bis hin zur minutiösen Logistik hinter den Kulissen stimmt hier der Ablauf. Da alles in einer Hand liegt, lässt sich jeder Anlass individuell nach Situation und Budget auf die Bedürfnisse der Kundschaft ausrichten. Hier gelingt, ebenso wie in der Metzgerei, der Spagat zwischen dem exklusiven und edlen Angebot für Gourmets und den währschaften, ehrlichen Speisen aus Großmutters Küche.
Und weil die von der Ospelt AG bereits betriebenen Firmenrestaurants ebenfalls ein großer Erfolg sind und sich großer Resonanz erfreuen, reift zurzeit die Idee, Restaurants unter eigenem Namen zu eröffnen. Man kann sich schon jetzt sicher sein, dass sich auch dort für jeden etwas findet und es für alle ein Genuss sein wird.
Gerne versendet Ospelt Delikatessen in alle Welt!

BRENNEREI TELSER

Brennerei Telser
Inhaber: Sebastian und Marcel Telser

Dorfstrasse 67
FL-9495 Triesen

Telefon 0 04 23 / 3 92 13 71
www.telser.li

Triesen hat noch ganz anders ausgesehen, als vor fünf Generationen im Jahr 1880 in der heutigen Dorfstrasse 67 zum ersten Mal Destillate produziert wurden. Arm war das Dorf und immer wieder von Naturkatastrophen heimgesucht. So verwundert es nicht, dass die Brennerei zunächst nur aus einem einzigen kleinen „Hafen" im Wohnbereich bestand. Die nächste Generation verlegte den Brennkessel von der Küche ins Torkelgebäude, wo bis in die jüngere Vergangenheit außerdem noch eine hydraulische Mostpresse ihre Dienste tat. Die Schnapsbrennerei war Anfang des 20. Jahrhunderts noch eine Auftragsarbeit für bäuerliche Privatkunden aus dem Dorf, die im Winter neben der Landwirtschaft betrieben wurde. Der heutige Inhaber, Sebastian Telser, hat die Brennerei während des rasanten Wirtschaftswachstums von Liechtenstein übernommen und ihm ist es zu verdanken, dass er die Zeichen der Zeit richtig gedeutet hat und fortan bedingungslos auf Qualität setzte: Die Marke Telser entstand. Sein ausgewiesenes Ziel ist es, die aromatische Reinheit der Edelbrände stetig zu verbessern. Mittlerweile ist das Dorf Triesen ein boomender Wirtschaftsstandort und die eben noch kargen Verhältnisse gehören der Vergangenheit an. Seinen Sohn Marcel, dem er die Leidenschaft und das Fingerspitzengefühl vererbt hat, hat Sebastian Telser bereits ins Handwerk eingewiesen. Das ist nämlich dringend notwendig, da alle Brände über einem Holzfeuer gebrannt werden: Die Auswahl des richtigen Holzstücks ist eine Sache der Erfahrung und des Gefühls. Zahlreiche Goldmedaillen und eine sich stetig vergrößernde Stammkundschaft weit über die Grenzen Liechtensteins hinaus geben den Telsers Recht, die Tradition des aufwendigen Brennens über einem Holzfeuer aufrechtzuerhalten. Kenner lieben den sensorischen Unterschied.

Die Brennerei Telser setzt auch in anderer Hinsicht auf Tradition: Bis auf den heutigen Tag werden außer der Zugabe von Hefe in die Maische keine chemischen Hilfsmittel verwendet und der anfallende Trester wird wie in alter Zeit als Dünger zurück an die Obstbauern gegeben. Und auch während des Brennvorgangs vertraut die Familie Telser nur auf die eigene Nase und Erfahrung und nicht auf elektronische Steuerung des Brennvorgangs: Die Eigentümlichkeiten und der Charakter, da ist sich Marcel Telser sicher, gingen durch solche Techniken verloren.

Und gerade das macht ja einen Telser-Brand aus: Frisches Obst von regionalen Produzenten aus integrierter Produktion wird mit viel Aufwand, Kontrolle und Handarbeit zu Edelbränden verarbeitet, die aromareich in der Nase und überzeugend rund und harmonisch im Mund sind. Den nicht überall geschützten Gelben Enzian graben sie an den immer gleichen Stellen kontrolliert per Hand, ausgewählte Kräuterschnäpse destillieren sie auf Obstlerbasis und bald wird es neben den zahlreichen sortenreinen Marc, Apfel-, Birnen-, Steinobst- oder Quittenbränden auch den ersten Whisky geben. Und da ein Telser Schnaps einen gewissen Standard erreichen muss, gönnt man sich bei der Familie Telser den Luxus, in einem schlechten Obstjahr bestimmte Sorten einfach nicht zu brennen.

Wen wundert es da, dass bei Blindverkostungen mancher italienische Edelgrappa-Produzent beim Vergleich mit einem Marc der Marke Telser ins Schwitzen kommt?

Tresner Berasoppa – Birnensuppe

(für 6 Personen)

Zutaten

1 Bündel Brunnenkresse oder Bärlauch
4 Williamsbirnen, geschält und zerkleinert
1 l Gemüsebrühe
200 g Gorgonzola
1 Zitrone
Salz und Pfeffer

Zubereitung

Brühe aufkochen, Kresse oder Bärlauch entstielen und mit den Birnen, dem Zitronensaft und dem Gorgonzola zu der Brühe geben. Einkochen lassen und nach Belieben würzen. Vor dem Servieren die Suppe mixen, damit sie fein sämig wird, und mit einem kleinen Blatt Bärlauch oder einem Kresseblättchen garnieren.

MOLKEREI GRABS

Bereits die Kelten haben so ihren Käse hergestellt: Sauerkäse oder „Surchäs“ wie man ihn auf Schwyzerdütsch nennt, wird ganz ohne die Zugabe von Lab nur aus angesäuerter Milch gewonnen. Er ist der wohl älteste Käse der Geschichte und hat im Werdenberg, aber auch im Toggenburg, Liechtenstein und Vorarlberg noch viele Freunde. Da er nur zwei Prozent Fett enthält, ist er eine zeitgemäße, kalorienarme, aber sehr proteinhaltige und gut verträgliche Alternative zu dem heute viel bekannteren Hartkäse. Aus alten Quellen schließt man, dass die reguläre Abgabe der Bauern an das Kloster St. Gallen Sauerkäse war, denn nur manchmal findet der damals neue „Fettkäse“ eigens Erwähnung.

Die Herstellung von Sauerkäse, wie ihn die Molkerei in Grabs produziert, unterscheidet sich im Prinzip nicht sehr von der vor 1 000 Jahren – die hygienischen Bedingungen sind natürlich andere – und jeder Verfahrensschritt wird heute penibel überwacht. Die bakteriologisch durch Milchsäuerung geronnene Milch wird mit dem Brecher, einem Pendant zur Käseharfe, geschnitten. Es entsteht das Käsekorn und die Molke scheidet langsam aus. Die ganze Masse wird dann im Kessel auf 38 bis 40 Grad Celsius erwärmt. Die „Blodera“, so nennt man die festen, von der Konsistenz her an Quark erinnernden Stücke, werden anschließen abgeschöpft und in Formen abgefüllt. Dort setzen und pressen sich die Blodera durch ihr Eigengewicht, und die restliche Molke fließt ab. Der noch junge Käse, der im Geschmack einem säuerlichen Frischkäse nicht unähnlich ist, heißt deshalb „Bloderchäs“. Reift der Bloderkäse etwa drei Wochen und bekommt eine speckige Rinde, dann entsteht der beliebte Sauerkäse. Der Sauerkäse reift im Keller bis zu einem halben Jahr, wobei er wöchentlich vom Käser gepflegt wird.

Marc Baumgartner, der die genossenschaftliche Molkerei in Grabs leitet, ist gelernter Käser. Ihn reizt es, die Jahrhunderte alte Tradition fortzuführen, und er berichtet, dass er heute noch Kunden hat, die das traditionelle „Z´Morge“, so sagt man hier zum Frühstück, mit Sauerkäse und Brädela, das sind Dörrbirnen, begehen. Auch wenn er etwas wehmütig eingesteht, dass diese Tradition wohl mit den Alten langsam aussterben wird. Heute gibt es in der Region viele moderne

Molkerei Grabs
Marc Baumgartner

Dorfstrasse 10
CH-9472 Grabs

Telefon 00 41 (0) 81 / 7 71 38 28
Telefax 00 41 (0) 81 / 7 71 61 26

Rezepte, die Bloder- und Sauerkäse verwenden: mal als süße Wähe, mal als Käse zu deftigen Knöpfli – der eigenen Fantasie sind keine Grenzen gesetzt.
Die Molkerei in Grabs, so erzählt es Marc Baumgartner, ist eine der größten Milchgenossenschaften im Kanton St. Gallen. Die täglich mehrmals angelieferte frische Milch wird hier in der Molkerei auch zu Joghurt, allein 16 Fruchtsorten stehen im Angebot, Butter, Rahm, Molkedrinks, Fruchtfrappés, Buttermilch und verschiedenen Frischkäse-Sorten verarbeitet. Der beliebte „Finesse“ Käse ist mit nur fünf Prozent Fett ein Magermilchkäse, der „nature“, mit Knoblauch, Paprika, Schnittlauch oder saisonal auch mit Bärlauch angeboten wird. Der Vollmilch-Frischkäse ist zudem noch in saisonalen Varianten mit frischen Gartenkräutern und Schnittlauch zu haben. Die Molkerei hält in ihrer Theke im freundlich eingerichteten Ladenlokal noch weitere 150 Käsesorten für Ihre Kundschaft bereit. Viele davon sind Schweizer Rohmilchspezialitäten, aber auch Käse aus Frankreich und Italien wird hier verkauft. Marc Baumgartner und sein Team beraten ihre Kundschaft versiert und geben immer auch neue Rezept-Ideen weiter.

Neu wird es außerdem bald ein uriges Degustierlokal im Keller des Hauses geben mit geschnitzten Bänken und ausgestreuten Hobelspänen auf dem Boden: In dem frisch renovierten Raum sollen künftig kleinere Gesellschaften die Möglichkeit zur Degustation aber auch zu geselligen Käsefondue-Abenden haben. Heinrich von Kleist schreibt man den Satz zu: „Käse macht erst geschickt die Zunge, den Wein zu schmecken“. Glaubt man ihm, stehen der Molkerei sicher viele fröhliche Runden ins Haus. Und Marc Baumgartner hat zudem die Möglichkeit vor größerem Publikum an der Renaissance des Sauerkäses zu arbeiten: „Probieren!“ ist seine dringende Empfehlung!

RESTAURANT MÜHLE

Restaurant Mühle
Inhaber: Marianne und Christian Birchmeier

Großbünt 2
CH-9479 Oberschan

Telefon 00 41 (0) 81 / 7 83 19 04
Telefax 00 41 (0) 81 / 7 83 13 14
www.restaurantmuehle.ch

Nach Feierabend ist Christian Birchmeier losgefahren, weil ihm ein Inserat nicht mehr aus dem Kopf wollte: Die Mühle in Oberschan stand zum Verkauf. Und auch wenn es schon dämmerte und er längst nicht alles besichtigen konnte, war es doch Liebe auf den ersten Blick: Ja, hier wollte er zusammen mit seiner Frau Marianne den Schritt in die Selbstständigkeit wagen. Die Entscheidung fiel vor zehn Jahren und beide haben sie bis heute nicht bereut. Mit viel Liebe zum Detail haben sie die voll funktionstüchtige, 500 Jahre alte Mühle zu einem kleinen Juwel herausgeputzt.
Wohl einzigartig ist die dekorative Kulisse des Mühlestüblis: originale, alte Trichter und echte, museale Mühlen. Ein paar Stufen höher ist gar ein eigener Museumsraum eingerichtet, den Christian Birchmeier, wenn es seine Zeit erlaubt, gerne seinen Gästen vorführt. Dann wirft er mit viel Getöse und Geratter die alte Maismühle an. So lange scheint es gar nicht her zu sein, dass der „Ribel" hier das Brot der Menschen war.

Dieser urigen Atmosphäre schuldet Christian Birchmeier auch seinen Kochstil. Ehrlich, frisch, einheimisch und überraschend will er für seine Gäste kochen – und das tut er mit unglaublichem Erfolg. Marianne und Christian Birchmeier sind beide ausgebildete Köche, und so kocht Christian Birchmeier, der seine Kunst in den Küchen der ersten Häuser der Schweizer Restaurantszene verfeinert hat, nicht nur für das Lob seiner Gäste, sondern immer auch unter der freundlichen Kritik seiner fachkundigen Gattin. So stehen viele Gerichte der sogenannten gutbürgerlichen Küche auf der Speisekarte, die Christian Birchmeier aber mit so viel Raffinesse, handwerklichem Können und Kreativität verfeinert, dass er für seinen Rinderschmorbraten oder seine traditionellen Bündner Capuns eigentlich neue Namen erfinden sollte.
Eine weitere Besonderheit ist, dass viele der Mühlen-Gäste die Speisekarte gar nicht mehr zu lesen scheinen: Munter wird immer wieder eine „Knobi-Suppe" oder ein anderes bestimmtes Gericht bestellt, auch wenn es auf der Karte im saisonalen Wechsel längst ersetzt wurde. Für Marianne und Christian Birchmeier gehört es aber zum wichtigen Dialog mit ihren Gästen, solche Extra-Wünsche soweit wie möglich zu erfüllen – schließlich gibt es nicht viele Köche, die schon das Fleisch in die Pfanne legen können, wenn ein bestimmtes Auto auf dem Parkplatz vorfährt! Und wer nicht wegen der sensationellen Küche immer wieder kommt, der tut das bestimmt wegen der erlesenen Weinkarte. Trouvaillen sind hier allemal zu machen, da beide Birchmeiers fachkundige Weinkenner sind und auch gerne abseits der ausgetretenen Pfade einkaufen. Von einem Glas Römer bis zum Spitzen-Bordeaux gibt es vieles, was man hier einmal probieren sollte. Nicht nur für den Wein gilt: Probieren geht über Studieren!

Wartauer Spargelsalat mit Lammrückenfilet

(für 1 Person)

Zutaten

120 g Lammrückenfilet
5 Stangen weißer Wartauer Spargel
20 ml Olivenöl
10 ml Balsamico
frischer Bärlauch
gehackte, getrocknete Tomaten
Saisonblattsalat, angemacht
etwas Butter und Zucker für den Spargelfond
Öl zum Braten
Salz und Pfeffer

Zubereitung

Die weißen Spargelstangen schälen und im Spargelfond (Wasser, Salz, wenig Zucker und etwas Butter) knackig kochen. Den Spargel in etwa 2 cm lange Stücke schneiden und mit Olivenöl und Balsamico marinieren. Je nach Geschmack mit Tomaten und Bärlauch würzen und am Schluss abschmecken.
Das Lammrückenfilet mit Salz und Pfeffer würzen, im heißen Öl kurz scharf anbraten und im auf 150 °C vorgeheizten Ofen in 5–6 Minuten schön rosé ziehen lassen. Den Spargelsalat kreisförmig anrichten und in die Mitte etwas Blattsalat häufen. Zuletzt das Lamm fein aufschneiden und auf den Spargel legen.

BERGGASTHAUS STAUBERN

Berggasthaus Staubern
Inhaber: Daniel Lüchinger

CH-9467 Frümsen

Telefon 00 41 (0) 81 / 7 57 24 24
www.staubern.ch

Das Berggasthaus Staubern thront stolz wie ein Adlerhorst auf dem östlichen Grat des Alpsteins, direkt auf der Kantonsgrenze zwischen Appenzell Innerrhoden und St. Gallen. Bei der Fahrt mit der kleinen Gondelbahn, die das Berggasthaus Staubern für seine Gäste betreibt, eröffnet sich schon bald ein herrlicher Blick in das St. Galler Rheintal und bis in das gegenüberliegende Fürstentum Liechtenstein. Ist man ganz oben angekommen, reicht der Blick bei schönem Wetter bis an das deutsche Bodenseeufer, und Konstanz und Lindau liegen als kleine, bunte Flecken am großen, schimmernden Blau des Sees. Vorarlberg scheint genauso greifbar wie die Bündner Berge oder das Alvir Gebiet. Bei klarer Sicht nach einem Regentag, so versichert es der Wirt Daniel Lüchinger, kann man bis ins Allgäu und fast bis nach Ulm gucken.

Hier oben trifft sich ein bunt zusammengewürfeltes Publikum: Bergwanderer mit schwerem Schuhwerk und dicken Rucksäcken sitzen stumm und abgekämpft neben luftig gekleideten Sommerfrischlern an den Tischen – die seit 1964 betriebene Seilbahn macht das früher exklusiv den Wanderern vorbehaltene Vergnügen einer Einkehr im Berggasthaus für alle erreichbar. Der Aufstieg mit seinen 1300 Höhenmetern ist für Alpinisten ein Genuss und bietet viele sensationelle Ausblicke auf das Rheintal. Wer es bequemer mag nimmt die Gondelbahn, die jede Stunde und nach Bedarf auch halbstündlich fährt. Da Frümsen, hier ist die Talstation der Staubern Bergbahn, sich direkt am Rheintal Höhenweg befindet, verirren sich selbst Radler hier herauf und verschnaufen bei angenehmen Temperaturen und einer kleinen Köstlichkeit aus der Küche.

Daniel Lüchinger erzählt, dass seine Großmutter das Gasthaus, das seit 1930 in Familienbesitz ist, gegründet hat und zwar aus dem wenig romantischen Grund, dass sie ein Auskommen für sich und ihre Familie verdienen musste. Sie hat mit unermüdlicher Arbeit und einer klaren Vision den Grundstein für das heute stattliche Berggasthaus Staubern gelegt. Die Mutter von Daniel Lüchinger hat diese Tradition mit genauso viel Herzblut weitergeführt. Er berichtet, dass es vor allem die Frauen seiner Familie waren, die den Betrieb vorwärts gebracht haben. Seine Mutter, die mittlerweile im Tal unten wohnt, hilft immer noch gerne und schaut ihrem Sohn in die Töpfe. Für Daniel Lüchinger, gelernter Koch, war es immer selbstverständlich, dass er auf dem Staubern bleiben wollte. Mit Leidenschaft kocht er für seine Gäste das, was auf dem Berg am besten schmeckt: ehrliche, erstklassig zubereitete und raffiniert verfeinerte Hausmannskost: Rösti, Älplermakronen mit Apfelmus oder deftiges Schafsvoressen sind Klassiker auf der Karte, die mit den Jahreszeiten wechselt. Seine Frau Judith kümmert sich um den reibungslosen Service und um die knapp 50 Betten, die das Berggasthaus in liebevoll eingerichteten Zimmern für seine Gäste bereithält. Eine Nacht im Himmelbett soll schon manche etwas müde Ehe wieder neu belebt haben, so munkelt man.

Mittlerweile ist das Berggasthaus Staubern auch für Familienfeiern, Firmenjubiläen und Bankette jeder Art kein Geheimtipp mehr. Selbstverständlich wird ein Menü oder ein Buffet dann ganz auf die Wünsche der Gäste abgestimmt, die Tische werden passend mit frischen Wiesenblumen dekoriert, und wenn in der Gaststube der messingverzierte, alte Ofen, den Daniel Lüchinger aus einem alten Bauernhaus gerettet hat, erst einmal bollert, kocht bald auch die Stimmung der Gäste. Im Herbst bietet der passionierte Jäger seinen Gästen immer mittwochs ein Wildbuffet an – frischer und direkter geht es kaum.

In der Gaststube steht außerdem eine kleine Bibliothek mit Büchern, Reiseführern, Wanderkarten und Bildbänden zu Land und Leuten bereit, sodass selbst bei Regentagen

keine Langeweile aufkommt, zumal der Blick nach draußen auch bei Regen und Sturm auf alle Fälle imposant ist. Ein Dutzend der 150 erfassten Pflanzenarten steht auf der Roten Liste und eine Kartierung der Insekten ergab, dass hier oben allein 35 verschiedene Tagfalterarten zu Hause sind: Die Welt, so scheint es, ist hier noch in Ordnung.

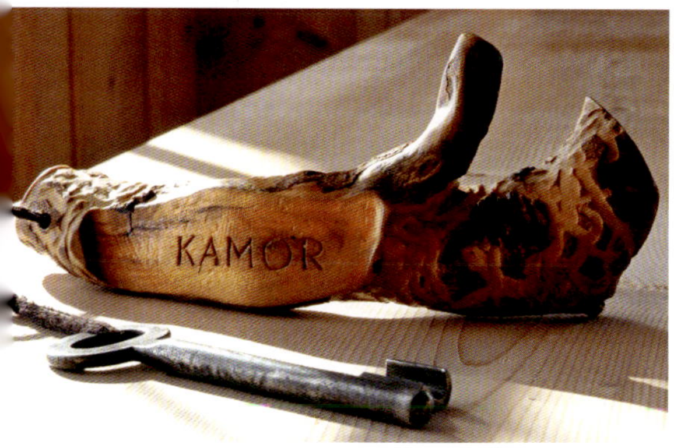

LANDGASTHOF SCHLÖSSLI SAX

Eine ganze Chronik füllt die wechselvolle Geschichte des im Jahr 1551 von Freiherr Philipp von Hohensax erbauten Schlössli in Sax. Ehebruch, Krieg, Verrat und sogar einen Hexenprozess hat das Haus miterlebt, das selbst nur äußerst knapp dem Verfall entging. Heute steht es wieder in alter, neuer Pracht herrschaftlich und imposant als stattlicher Landgasthof da, der in der Symmetrie seiner Fassade tatsächlich an ein Schloss erinnert. Betritt man das Schlössli durch die schwere Eichentür, wird man von einem breiten Flur empfangen. Hier geht die sanft geschwungene Treppe in den ersten Stock hinauf und rechts führt eine Tür in die Gaststube. Mit der Gaststube wird das Schlössli seiner Funktion als geselliger Treffpunkt für die Bewohner des Dorfes und des lokalen Sportvereines gerecht. Hier kann man in gemütlicher Runde ein Bier trinken und etwas Feines essen, ohne den Geldbeutel über Gebühr zu strapazieren. Berühmt und beliebt ist das Schlössli aber wegen seines weit über die Landesgrenzen hinaus bekannten À-la-Carte-Restaurants im hinteren Teil des großen Hauses. Drei großzügige und elegant möblierte Räume mit moderner Kunst an den Wänden sind mit großen Flügeltüren miteinander verbunden. Wer sich hier niederlässt wird von Peter Pfiffners aufwendiger Küche verwöhnt. Mit viel Esprit und großer Kreativität zaubert er bis dahin unbekannte kulinarische Köstlichkeiten, wie beispielsweise eine mit Rhabarber gefüllte Maispoullardenbrust auf Balsamicorisotto und karamellisierten Erdbeeren. Seine Frau, Diana Pfiffner, die den Service routiniert im Griff hat, erzählt, dass die meisten Rezepte ihres

Landgasthof Schlössli Sax
Diana und Peter Pfiffner

CH-9468 Sax

Telefon 00 41 (0) 81 / 7 50 40 90
Telefax 00 41 (0) 81 / 7 50 40 91
www.schloesslisax.ch

Mannes als freies Spiel der Zutaten im Kopf entstehen und dass das Paar ausgedehnte Spaziergänge am freien Tag nutzt, um die vielen Ideen des Kochs etwas zu sortieren. Diana Pfiffner berät ihren Mann kritisch und gibt den Rückmeldungen ihrer Gäste viel Gewicht in ihrer Argumentation. In erster Linie sollen sich die Gäste des Schlössli nämlich wohl fühlen. Inspiration für ihre Art der Rezeptgenese holt sich das Ehepaar Pfiffner auf ausgedehnten Fernreisen. Dort, in völlig anderen Kontexten, ist sich Diana Pfiffner sicher, wird der Kopf erst richtig frei und bereit, Neues aufzunehmen. Liest man die Speisekarte, die saisonal wechselt, dann entsteht im Kopf schon ein kulinarisches Feuerwerk und es fällt schwer, sich zwischen all den interessanten Offerten zu entscheiden. Peter Pfiffner hat sein Handwerk von der Pike auf gelernt und auf vielen Stationen in den besten Häusern der Schweiz immer mehr verfeinert. Diana Pfiffner hat erst durch die Liebe zu ihrem heutigen Beruf gefunden und die Hotelschule als zweite Ausbildung absolviert. Heute ist sie für die Weinkarte des Schlössli verantwortlich. Ihr ist es wichtig, jeden Wein auf der Karte guten Gewissens ihren Gästen empfehlen zu können – ein Wein muss sie in der Nase, am Gaumen und im Preis überzeugen. Ihr gutes Näschen in diesen Dingen hat sich nicht erst bei einer beruflichen Station als Sommelière gezeigt und ergänzt das kulinarische Angebot im Schlössli heute vortrefflich.

Dass die Pfiffners im Schlössli in Sax gelandet sind, verdanken sie einem Zufall: Die Schwiegermutter des jungen Kochs hatte in der Zeitung vom Schlössli gelesen, das Peter und Diana dann vom Trägerverein pachten und nach ihren Wünschen renovieren konnten.

So zeigen sich die neun Zimmer mit insgesamt 20 Betten heute als sehr großzügige, komfortable Rückzugsorte. Besonders beliebt ist das Zimmer mit dem sagenumwobenen Himmelbett, ein originales Möbelstück früherer Schlossherren – heute eine schmucke und erst noch bequeme Antiquität.

Im ersten Stock befindet sich außerdem noch der große Rittersaal, der sich, weil er mit einer alten Kassettentür abgetrennt werden kann, für kleine und große Gesellschaften bis 80 Personen eignet. Ungewöhnlich ist auch, dass hier im ersten Stock gekocht wird: Aus Platzgründen wurde die Küche nach oben verlegt. Ein an feudale Zeiten erinnernder Speiseaufzug bringt die Köstlichkeiten nach unten, wo noch eine große Gartenterrasse mit alten Platanen lauschige Plätze für eine Tasse Kaffe oder ein sommerliches Dinner bietet. Ein Schlössli braucht immer auch einen König, eine Königin: Im Schlössli in Sax kann sich jeder Gast so fühlen.

Aufgeweckt und visionär: Das Toggenburg

Das Toggenburg umschließt rund 60 sehenswerte Kilometer von Wil bis Wildhaus über die Täler von Thur und Necker. Von der sanften Hügellandschaft im Untertoggenburg steigt das Land an bis zur Hochebene des Obertoggenburgs – eingerahmt von der Churfirstenkette im Süden und dem Säntismassiv im Nordosten reicht es im Osten über eine kleine Passhöhe, dem Wildhauser Übergang, bis hinab ins Rheintal.

Bekanntester Sohn des Toggenburgs war Ulrich Zwingli aus Wildhaus, der einflussreiche Reformator der deutsprachigen Schweiz. Zwingli – er selbst nannte sich später Huldrych („Huldreich"), was als humanistisches Spiel seines althochdeutschen

Taufnamens verstanden werden kann – wurde als drittes von insgesamt zehn Kindern eines Toggenburger Lokalpolitikers und Kaufmanns geboren. Der Handel mit Vieh und Wein über die Pässe nach Italien hatte den Zwinglis zu einem gewissen Wohlstand verholfen. Huldrych selbst verbrachte einen Großteil seiner Kindheit bei seinem Onkel, einem Dekan, in Wesen und später an verschiedenen Lateinschulen und Universitäten. Er entwickelte sich unter dem Einfluss der Schriften von Erasmus von Rotterdam zu einem Humanisten und schließlich zum Reformator: Nicht nur Glaubensfragen, sondern auch die Erneuerung der kirchlichen und politischen Verhältnisse, die Förderung eines Schweizer Nationalbewusstseins und die Friedenssicherung waren Zwinglis Anliegen. Zwingli hatte in Zürich, wo er hauptsächlich wirkte, auch selbst großen politischen Einfluss und gilt heute als Begründer der Reformation in der Schweiz. Die von ihm schweizerdeutsch gefärbte Übersetzung der „Zürcher Bibel" erschien fünf Jahre vor Luthers Übersetzung und gilt als die älteste, protestantische Übersetzung der gesamten Bibel.

Das Toggenburg ist heute ein vom Massentourismus verschontes, aber gerade deshalb sehr attraktives Feriengebiet: Im Winter locken Pisten und Loipen, die das Siegel „besonders familienfreundlich" verdienen, sowie viele ausgewiesene Winterwanderwege. Im Sommer sind es einfache, urwüchsige Erlebnisse in der Natur: eine Barfußwanderung übers Hochmoor oder ein Besuch bei einem Köhler – selbstverständlich kann man auch hier selbst Hand anlegen und am Ende eine Bratwurst über der eben produzierten Kohle grillen. Waldpädagogen und Förster bieten begleitete Spaziergänge an und auch bei Wanderungen auf eigene Faust gibt es viel zu entdecken: die herrliche, fast schon entrückend schöne Landschaft der Flachmoore um die Schwendiseen, zum Beispiel Panorama- oder Themenwege wie „Klangweg", „Sagenweg" oder „Chnobelweg", bieten Unterhaltung und Naturerlebnis und lassen selbst müde Kinder immer weiterlaufen.

Besucht werden sollte im Toggenburg auf alle Fälle das kleine, in seiner Nord-Süd-Ausdehnung gerade mal 300 m lange Marktstädtchen Lichtensteig. Es wurde bereits im 13. Jahrhundert von den Grafen von Toggenburg gegründet und entwickelte sich dank der Kreuzung der alten Fernwege aus Bayern und Konstanz, die beide Richtung Gotthard weiterführen, schnell zu einem blühenden Marktort: In nahezu allen Gassen wurde, nach Branchen sortiert, früher Markt gehalten. Schon der Platzname „Goldener Boden" für den einst größten Marktplatz, auf dem Salz und Getreide gehandelt wurden, gibt Auskunft über die damalige Geschäftslage. Heute ist Lichtensteig zwar schnell besichtigt, beeindruckt aber nachhaltig durch seine hervorragend restaurierte, malerische Altstadt.

Wenn man Glück hat, kann man hier, wie in vielen traditionellen Bäckereien oder Cafés, auch einen „Schlorzifladen" versuchen: Das ist ein Mürbteig, der mit einer Masse aus Dörrbirnen bestrichen und mit einem Rahm-Guss überbacken wird. Ein Gedicht!
Innovativ zeigt sich das Toggenburg durch das am Schwendisee neu geplante Klanghaus. Hier sollen Chor- und Orchesterproben oder -wochen, Meisterkurse für Instrumentalisten und Lehrgänge für Laien in Gesang, Rhythmik oder Jodeln stattfinden. Das ganze wird durch ein breites musiktherapeutisches Angebot ergänzt werden. Schon heute bieten die verschiedenen, ganz unterschiedlichen Klangkurse und nicht zuletzt das alle zwei Jahre stattfindende internationale Klangfestival Musikbegeisterten aus aller Welt eine Plattform. Und wo ließe sich Musik in ihrer Vielschichtigkeit der Kulturen, Klänge, Harmonien und Richtungen besser aufnehmen als in der einmalig sanften, gleichzeitig wildwüchsigen und doch harmonischen Toggenburger Landschaft?
Aber auch in ganz anderer Hinsicht ist das Toggenburg ein Trendsetter: Hinter dem Begriff „energietal toggenburg" verbirgt sich ein umfangreiches Projekt zur Förderung von Energieeffizienz und (alternativer) Energieproduktion. In nur 25 Jahren soll das Toggenburg energieautark sein, in 50 Jahren soll sich der Energiebedarf jedes Bewohners auf eine Leistung von 2000 Watt reduziert haben. Wer also meint, das Toggenburg sei bei einer Aufzählung der großen Ferienregionen der Schweiz zu vernachlässigen, der täuscht sich gewaltig – denn solche Visionen sind Investitionen in die Zukunft.

Exportschlager der Schweizer Küche

Wer kennt sie nicht, die Schweizer Klassiker, die man im Ausland kurzerhand mit „der" Schweizer Küche gleichsetzt: Da wäre das Fondue in seinen unterschiedlichsten Varianten, allen voran das köstliche Käsefondue, das es in unzähligen Mischungen gibt. Würziges Raclette gilt es zu nennen, bei dem in seiner ursprünglichen Form ein halber Käselaib ans Feuer gelegt wird und jeweils die oberste Schicht, sobald der Käse angeschmolzen ist, abgeschabt wird; zusammen mit Pellkartoffeln und vielleicht ein paar Silberzwiebeln eine schlichte Delikatesse. Das vor allem in Gesellschaft beliebte Tisch-Raclette mit seinen vielen Variationsmöglichkeiten ist erst eine Erfindung der 1950er-Jahre und unter echten Schweizer Raclette Fans verpönt. Älpler-Makronen dürfen bei so einer Aufzählung natürlich nicht fehlen, da sie in unzähligen Varianten in der ganzen Schweiz gerne gegessen werden. Und das feine Zürcher Geschnetzelte mit Rösti muss erwähnt werden, da es neben der St. Galler Bratwurst oder den Basler Leckerli ein weiterer Klassiker ist, der es als „Zurich Style Veal" zum Exportschlager der Schweizer Küche gebracht hat. Unbestritten ist aber der Käse das kulinarische Aushängeschild der Schweiz: Rund 50 Tonnen Schweizer Käse werden jährlich ins Ausland verkauft, wobei die Branche boomt und diese Zahl von Jahr zu Jahr noch zunimmt. Dennoch kann keine der hier aufgezählten Köstlichkeiten einem anderen Schweizer Exportschlager das Wasser reichen, wenn es um den Bekanntheitsgrad geht, denn ein bescheidenes Produkt, dem man die Schweizer Herkunft nicht mehr ansieht, hat seinen Siegeszug um die Welt längst gewonnen: die flüssige Speisewürze „Maggi"! Sie wurde 1886 von Julius Michael Johannes Maggi, Sohn eines italienischen Einwanderers, erfunden, weshalb die Schweizer bis heute die italienische Aussprache „Madschi" bevorzugen.

Seit mehr als 120 Jahren ist die flüssige Würze in der charakteristischen Flasche auf dem Markt und erfreut sich seitdem ungebrochener Beliebtheit. Das geht sogar soweit, dass das im Duft ähnliche Liebstöckel im Volksmund kurzerhand Maggi-Kraut genannt wird.

Eine weitere Errungenschaft aus einer Schweizer Küche hat es unbemerkt zu Weltruhm gebracht: Der Sparschäler! 1947 hat der Davoser Alfred Neweczeral seinen Sparschäler entwickelt und noch im gleichen Jahr patentieren lassen. Aus privaten Haushalten auf der ganzen Welt ist er heute nicht mehr wegzudenken. Das Design des Sparschälers – als international bekanntes Schweizer Küchenutensil – wurde folgerichtig als Sujet für eine Briefmarke der Schweizerischen Post ausgewählt.

GASTHAUS RÖSSLI

Gasthaus Rössli
Geschäftsführerin: Sabine Bertin

CH-9122 Mogelsberg

Telefon 00 41 (0) 71 / 3 74 15 11
Telefax 00 41 (0) 71 / 3 74 19 41
www.roessli-mogelsberg.ch

Sabine Bertin, die charmante Wirtin des Rössli in Mogelsberg, ist im Sternzeichen des Fischs geboren. In der kurzen Sternzeichenübersicht, die sie mir gibt, steht: *Der Fisch ist verträumt, beweglich und verspielt. Nichts ist für ihn unmöglich, er kennt keine Grenzen. Er ist nicht von dieser Welt.* Und ein bisschen ist es so, als ob das ganze Rössli nicht von dieser Welt wäre.

Das typische, etwas behäbige Toggenburger Haus im Strickbau wurde bereits 1786 erstmals als Gasthaus erwähnt. Von außen mag es damals ungefähr so ausgesehen haben wie heute. Innen wurde es aber mit sehr viel Sachverstand und Liebe für die alte Bausubstanz und noch dazu unter ökologischen Gesichtspunkten in den letzten 30 Jahren immer wieder vorsichtig renoviert. Heute strahlt es noble Wertigkeit aus, mit viel poliertem Holz und weißem Leinen.

Begonnen hat die neuere Geschichte des traditionsreichen Hauses als alternativer Lebensentwurf von fünf Züricher Freunden, die 1978 ausgezogen sind, ihr Ideal in der Verbindung von Freizeit und Arbeit unter Gleichgesinnten zu leben. Geblieben ist nur Sabine Bertin, deren Handschrift nicht nur in den fast schon kalligrafisch schönen Speisekarten zu finden ist, die vielmehr das ganze Haus bis hin zur Menüauswahl prägt. Da ist die Idee, die zwölf Gästezimmer den zwölf Tierkreiszeichen zuzuordnen, nur eine von vielen. So ist es Sabine Bertin gelungen, jedes Zimmer individuell einzurichten und doch einem verbindenden Konzept unterzuordnen.

Unkonventionell, liebenswert, ideenreich und doch hoch professionell, das sind wohl die Adjektive, die das Rössli am besten beschreiben. Neben der einladenden Wirtsstube, die nach der Sanierung heute wieder dort ist, wo sie wohl auch in alter Zeit war, gibt es das gemütliche Säli, ein ruhiges Stübli und den prächtigen Saal. Dabei sind alle Räume im Haus so möbliert, dass sie flexibel auf die

Kartoffelsuppe

Zutaten
400 g mehlig kochende Kartoffeln
1 EL Gemüsebouillonpaste oder -pulver
1 EL Butter oder Sonnenblumenöl
1 Schuss weißer Wermut
50 ml Rahm

Zubereitung
Kartoffeln sehr weich kochen. Mit Sonnenblumenöl oder Butter und etwas Wasser fein pürieren. Zurück in die Pfanne geben. Bouillonpaste, Rahm und Wermut zufügen. Nochmals aufkochen lassen. Achtung, Anbrenn-Gefahr! Vor dem Servieren nach Bedarf geschlagenen Rahm beigeben.
Als Einlage in die Suppe eignen sich gebratene Pilze. Oder Sie parfümieren die Suppe mit ein paar Tropfen Trüffelöl.

jeweiligen Bedürfnisse der Gäste vorbereitet sind und doch immer auch eine Augenweide – und im Fall der alten, geölten und gewachsten Nussbaumtischplatten auch eine haptische Freude.
Ob Seminar, Konzert, Feierabendbier, Bankett, Theater, Mittagstisch – im Rössli fühlt man sich schnell zu Hause. Das liegt nicht zuletzt an der herausragenden, weit über die Kantonsgrenzen hinaus geschätzten Küche. Hier heißen die Grundpfeiler biologisch und regional. Wieder wird das Konzept der Sternzeichen aufgegriffen und monatlich zusätzlich zur abwechslungsreichen Wochenkarte und der kleinen Karte mit Rössli-Klassikern ein Gourmet-Menü passend zum aktuellen Tierkreis angeboten. Da erübrigt sich fast die Bemerkung, dass natürlich vor allem saisonale Produkte auf den Tisch kommen, denn nichts anderes manifestiert sich ja im steten Wechsel der Sternzeichen.
Die moderne Küche des Rössli leiht sich Inspiration aus den verschiedenen Welt-Küchen: mal italienisch, mal französisch, hier ein Hauch asiatisch, dort orientalisch, aber immer außergewöhnlich kreativ, frech und frisch. Unverfälscht entfalten die guten Bio-Zutaten ohne Einsatz von Convenience ihren Eigengeschmack. Auch setzt sich in der Bewirtung das gekonnte Spiel zwischen Tradition und Moderne fort. Dementsprechend steht das indische Lamm-Curry auf der Speisekarte in braver Harmonie neben dem bodenständigen Leberli mit Rösti.

RESTAURANT KRONE

Restaurant Krone
Therese und Albert Brändle

Ebnaterstrasse 136
CH-9630 Wattwil

Telefon 00 41 (0) 71 / 9 88 13 44
Telefax 00 41 (0) 71 / 9 88 67 44
www.kronewattwil.ch

Albert Brändle ist ein „Schaffer", einer, der noch etwas auf ehrliches Handwerk gibt und deshalb Wert darauf legt, dass sein Beruf Koch ist und nicht etwa Wirt. „Wirt", so sagt er, „kann heute jeder sein". Koch ist in seinen Augen eine Berufung, eine Profession. Mit dieser Konsequenz und Leidenschaft betreibt Albert Brändle sein Handwerk, nein, seine Kunst, in seinem Restaurant Krone in Wattwil. Ohne große Vorbilder wusste er schon als Lehrbub, dass er sein eigenes Restaurant haben möchte. Er hat sich mit der Krone in Wattwil einen Traum erfüllt und den Rahmen geschaffen, in dem sein Können erst richtig zur Geltung kommt. Zusammen mit seiner Frau Therese hat Albert Brändle aus der Krone ein kleines Juwel gemacht.
Im Erdgeschoss liegen nebeneinander die kleine, elegante Lounge, die, mit schmucken Ledermöbeln eingerichtet, auch den Rauchern einen Rückzugsort bietet. Daneben das freundliche Bistro, das geselliger Mittelpunkt des Hauses ist, und auf der anderen Seite das helle, gediegene Restaurant. Geschmackvoll und aufwendig dekoriert bietet es zu jeder Tageszeit ein stilvolles Ambiente, aber besonders abends, wenn viele Kerzen den Raum in stimmungsvolles Licht hüllen, ist es ein Genuss, dort zu sitzen. Zusätzlich gibt es für größere Bankette einen Saal im ersten Stock. Albert Brändle überlässt auch in seiner Küche nichts dem Zufall. Für ihn ist es eine Selbstverständlichkeit, dass er das Kalbfleisch für das Züri-Geschnetzelte selbst lagert, pariert und von Hand schneidet. Handarbeit, die sich auszahlt. Denn für ihn ist es das schönste Kompliment, in den Augen eines Gastes komplette Zufriedenheit zu lesen. Nicht der Preis ist das Kriterium für ein gutes Essen, sondern die fachkundige, respektvolle Zubereitung

und der zuvorkommende Service. Und deshalb lässt Albert Brändle jeden Hospitanten, der sich um eine Lehrstelle bei ihm bewirbt, einmal einen Teller anrichten – wer das mit Sorgfalt und Geschick, mit Fingerspitzengefühl und Geschmack hinkriegt, der hat auch das Zeug, Lehrling in seiner Küche zu sein. Denn solch ein konstant hohes Niveau lässt sich nur mit Leidenschaft für gutes Essen, Disziplin und bedingungslos frischen Zutaten halten. Jeden Mittag bietet die Krone vier Menüs an, alle mit Suppe und Salat. Für jeden Geschmack und jeden Geldbeutel findet sich hier etwas. Abends gibt es zusätzlich die große Karte, die sich saisonal verändert: geschmorte Kalbsbäggli an Rotweinsauce mit Gemüse und Kartoffelpüree, Barbarie-Entenbrust an Portweinsauce mit eingelegten Kirschen und Quarkschupfnudeln oder Loup de Mer auf Limonen-Risotto mit Cherrytomaten an leichtem Jus. Die Liste der Köstlichkeiten ließe sich endlos fortsetzen und stellt den Gast vor die Qual der Wahl.

Wer jetzt aber meint, wegen der vielen Auszeichnungen seiner ambitionierten Küche seien Albert Brändle arrivierte Gäste in Anzug und Krawatte lieber, der täuscht sich: Jeder, ob Kind oder Greis, mit oder ohne Hund, der nur die Leidenschaft und die Mühe seiner Kochkunst zu goutieren weiß, ist herzlich willkommen. Warum nicht einmal nach einem Skitag im Toggenburg vorbeischauen? Oder den Tag nach einer Wanderung hier ausklingen lassen? Doch Vorsicht – die Krone hat Suchtpotenzial: Wer einmal hier war, der kommt sicher immer wieder.

TOGGI MILCHPRODUKTE – KÄSEREI HEITERSWIL

Steil steigt der Weg von Wattwil Richtung Hemberg, bis sich auf 900 Metern Höhe ein kleines Plateau mit wunderschönen Aussichtspunkten öffnet. Kein Wunder, dass im Sommer zahlreiche Radler und Wanderer vorbeikommen. Hier liegt die Käserei Heiterswil, die neben dem weltberühmten Appenzeller Käse auch die mittlerweile schweizweit schon sehr bekannte Toggi-Fruchtmolke herstellt.

Doch der Reihe nach: 1923 hat der Großvater des heutigen Besitzers Max Schläpfer die Heiterswiler Käserei gekauft und seitdem wurde der Familienbetrieb ständig modernisiert und erweitert. Waren es zu Großvaters Zeiten noch 200 000 Liter Milch im Jahr, so sind es heute 1,2 Millionen Liter Milch. Sämtliche verwendete Milch ist Bergmilch, die von insgesamt 20 Bauern der Umgebung geliefert wird. Der so gesteigerten Produktion Rechnung tragend, ist auch die anfallende Menge an Milchmolke als Nebenprodukt der Käseherstellung ständig gestiegen.

Und hier kommt 1997 die innovative, mit Preisen geradezu überhäufte Idee des Jungunternehmers Max Schläpfer: Die in der Schweinezucht schon lange als vitamin- und mineralstoffreich geschätzte Molke sollte nicht weiter nur den Tieren verfüttert werden, sondern in einem neuen modernen Produkt endlich auch den Menschen ein gesundes und schmackhaftes Nahrungsmittel bieten. Eine Zeit lang hat Max Schläpfer

Toggi Milchprodukte
Käserei Heiterswil

CH-9630 Wattwil

Telefon 00 41 (0) 71 / 9 88 12 82
Telefax 00 41 (0) 71 / 9 88 71 82
www.toggi.biz

mit seinen Geschäftspartnern getüftelt und ausprobiert, bis schließlich die vier heute verfügbaren Geschmacksrichtungen Mandarinen und Orange, Tropic, Mango-Maracuja und Ananas feststanden. Schnell waren Großhändler gefunden, sodass die fruchtige Toggi-Molke als erfrischendes und auch für Diabetiker geeignetes Getränk heute in der ganzen Schweiz erhältlich ist. Toggi-Molke gilt als entschlackend, sie soll die Darmfunktion anregen und den Blutdruck senken. Zufrieden verweist Max Schläpfer auf die vielen Rückmeldungen von Endverbrauchern, die die Toggi-Molke mal für eine Trinkkur, mal als günstiges Diätmittel oder zuckerfreies Kindergetränk entdecken. Und der Süßmolke-Fanclub wächst und wächst.
Bei allem Erfolg ist die Käserei Heiterswil ein kleiner, familiärer Betrieb mit gerade mal sieben Angestellten geblieben, der nach wie vor darauf achtet, dass vor allem der eigene, hohe Qualitätsanspruch immer gehalten werden kann. Hier wird der Appenzeller Käse genauso wie die Haussorten noch in vielen kleinen, manuell überwachten Schritten hergestellt. Durch das zweite Standbein der Molkeproduktion kann sich die Käserei auch den Luxus leisten, einen kleinen Hofladen zu unterhalten, in dem auch die anderen Produkte wie der Toggi-Bergkäse, der kleine Toggi-Mutschli und Toggi-Joghurt verkauft werden. Wanderer, Touristen und Einheimische können neben den ausgewiesenen Öffnungszeiten einfach klingeln, es wird ihnen, falls jemand zu Hause ist, immer geöffnet, denn die Mutter von Max Schläpfer kennt den Großteil ihrer Kundschaft seit Jahren. Und so ist das schmucke Lädchen nicht nur Relikt aus einer anderen Zeit, sondern erfüllt auch heute noch eine soziale Funktion. Zahlreiche Fotografien im Büro der Firma belegen, was sich in den letzten 50 Jahren alles getan hat – hier wurde angebaut, dort erweitert und umgestaltet. Und doch gehen Max Schläpfer seine Ideen auch heute nicht aus. Er kann sich seine erfrischende Toggi-Molke als gesundes, alkoholfreies Apéro-Getränk oder, mit einem Schluck Sekt veredelt, als klassischen Aperitif vorstellen. Und mit Likören wie Blue Curaçao wird die Toggi-Molke im Handumdrehen zu aufregenden Mixgetränken.

„Der spritzige Entdecker"

Cocktail
(für 1 Person)

Zutaten

5 cl Blue Curaçao
12 cl Toggi-Ananas-Molke
6 cl Bitter Lemon
Eis
Zur Dekoration 1 Schnitz Ananas, 1 Streifen Kokosnussfleisch, 2 Ananasblätter, 1 Cocktailkirsche

Zubereitung

Curaçao, Ananas-Molke und Bitter Lemon mit Eis im Mixer kräftig mischen. In ein Glas abgießen und mit dem Schnitz Ananas, dem Kokosnussstreifen, der Cocktailkirsche und den Ananasblättern garnieren.

STUMP'S ALPENROSE

Die Söhne des erfolgreichen Skifahrers Niklaus Stump, Roland und Birger, führen zusammen mit Birgers Frau Marlise das Toggenburger Traditionshaus Stump's Alpenrose. Über die Jahre ist Stump's Alpenrose – seit 1883 ist das Anwesen in Familienbesitz – organisch gewachsen, und kaum ein Jahr verging ohne bauliche Maßnahmen zum Wohl der Gäste. Heute zeigt sich das Haus als Familienbetrieb, in dem man Wert auf die Bedürfnisse des Gastes legt. Alle Gebäude und Räume sind unter der umsichtigen Regie von Birger Stump mit einheimischen Hölzern und stimmig in solidem Handwerk gebaut und ausgebaut worden. Er sorgt sich um das gepflegte Haus und wird nicht müde, für seine Gäste immer wieder neue Ideen umzusetzen: So verfügt das Haus über einen sehr ausgesuchten Wellnessbereich mit Finarium, Sole-Dampfbad, Kräuterdampfbad, Raum der Stille, und einer Berghüttensauna mit Aussicht.
Ein großes Angebot an kompetenten Massage- und Kosmetikbehandlungen macht das Wohlfühlen bei Stump's komplett. Im Freien gibt es zudem einen hübschen Kneipp-Pfad, der sehr apart eine Gästeterrasse umspielt und mit dem funkelnden und plätschernden Wasser für einen weiteren Rückzugsort sorgt. Originell, dass in den Beeten keine Stiefmütterchen wachsen, sondern Küchenchef Erich Roten hier ein paar Kräuter zieht, und Beerensträucher darauf warten, im Sommer von den Gästen geplündert zu werden.
Birger Stumps Frau Marlise ist überall präsent: Jedes Blümchen, jede Dekoration wird von ihr ausgesucht und in Szene gesetzt. Sie begrüßt die Gäste und sorgt dafür, dass im Service alles glatt läuft.

Stump's Alpenrose AG
Birger, Marlise und Roland Stump

Am Schwendisee
CH-9658 Wildhaus

Telefon 00 41 (0) 71 / 9 98 52 52
Telefax 00 41 (0) 71 / 9 98 52 53
www.stumps-alpenrose.ch

Duett vom Alpsteiner Lamm und Kaninchenrücken

Zutaten

350 g Lammrücken
300 g Kaninchenrücken
Salz und Pfeffer
5 ml Erdnussöl
5 g milder Senf
80 g Boursin, französischer Doppelrahmkäse
10 g Basilikum-Pesto
6 frische Basilikumblätter
4 Blätter Frühlingsrollenteig

Zubereitung

Den Lammrücken würzen und beidseitig anbraten. Mit dem Senf einstreichen. Pesto mit Boursin mischen und auf den Lammrücken streichen, Basilikumblätter darauf und Kaninchenrücken daran legen. Alles fest in den Teig einwickeln. Auf Backpapier legen und 12–14 Minuten bei 220 °C backen. Kurz abstehen lassen und dann schräg halbieren. Dazu wird ein Bett aus Wirsinggemüse und als Beilage ein Püree aus blauen Sevelern Kartoffeln empfohlen.

Ihr Schwager Roland betreut den großen Weinkeller: Ihm ist es ein Anliegen, die Winzer hinter den Weinen zu kennen und zu wissen, was er an seine Gäste weiterverkauft. Er ist, wenn man so will, der Schöngeist des Hauses. Roland Stump hat Visionen und bastelt immer daran, es seinen Gästen in der Alpenrose noch heimeliger zu machen. Mit ihm lässt sich gut diskutieren und er liebt sein Toggenburg, so dass er immer ein paar Tipps für Unternehmungen bereithält: Warum nicht einmal den Sagenweg ausprobieren oder mit dem Förster auf Entdeckungsreise durch den Wald gehen? Innovative, kulturelle Ideen wie das geplante Klanghaus am Schwendisee begeistern ihn. Schon heute hält er viele Arrangements für seine Gäste bereit und kooperiert in vielen Bereichen mit Profis: Fastenwochen in der Alpenrose werden von medizinisch geschultem Personal betreut, Kosmetik- und Massageangebote entstehen in Kooperation mit Praxen vor Ort. Die vielen Themenabende rund ums Thema „Wild und Wein" sind sehr beliebt, und das jährliche, kulinarische Konzert der „Alder-Buebe" fügt sich nahtlos in die Reihe der unterhaltsamen Höhepunkte ein, die Stump´s Alpenrose für seine Gäste generiert.

Nicht zuletzt ist es aber die fantasievolle Küche von Küchenchef Erich Roten und Fabian Brunner, die viele Stammgäste immer wieder kommen lässt. Denn sie halten strikt durch, was sich viele auf ihre Fahnen schreiben und doch die wenigsten leben: Zu jeder Jahreszeit werden ausschließlich regionale Frischprodukte verkocht – Konservierungsstoffe oder künstliche Geschmacksstoffe kommen in ihrer Küche nicht vor. Kurz, die Küche nimmt auf, was die Hausherren vorgeben: Sie wollen mit ehrlichen, gesunden Produkten das Herz ihrer Gäste erreichen.

DAS ST. GALLER RHEINTAL UND BERNECK

Wein und mehr: das Schweizer Rheintal

Als „Chancental“ stellen sich die Gemeinden des Rheintals heute selber dar: Im Herzen Europas und mitten in der prosperierenden Region des Dreiländerecks bieten sie gleichzeitig einen modernen Wirtschaftsstandort, attraktive Wohngebiete und einen naturnahen Erholungsraum. Kein Wunder, dass die Region boomt.
Wer aber als Fremder durch das St. Galler Rheintal reist, dem fallen vor allem die vielen Weinberge links und rechts des Rheins auf. Man kommt hier nicht darum herum, das mundartliche Wort „Wy“ für „Wein“ in sein Vokabular aufzunehmen: Zahlreich und verlockend sind die Möglichkeiten, immer wieder einen Tropfen zu verkosten.
Immerhin wird der Weinbau wahrscheinlich seit den Römern, nachweislich aber seit dem 9. Jahrhundert auf beiden Seiten des Rheins betrieben. Hier gibt es noch viele „Nebenerwerbs-Winzer“, die die Pflege ihrer Hänge und Weingärten als Landschaftspflege und als Weiterführen einer alten Tradition verstehen. Durch das milde Fönklima und viele Sonnenstunden begünstigt, herrschen ideale Voraussetzungen für den Weinbau, auch wenn die heutigen Rebflächen im Vergleich zum ausgehenden 19. Jahrhundert deutlich zurückgegangen sind – die Qualität hat sich dafür besonders in den letzten Jahrzehnten stetig verbessert.

Das kleine, 892 erstmals erwähnte Berneck ist ein altes Weindorf. Die Geschichte des Ortes ist eng mit dem Weinbau verknüpft, denn aufgrund der klimatisch geschützten Lage in einem Talwinkel und guter Verkehrsanbindungen ins Appenzellerland entwickelte sich der Ort zu einem bedeutenden Marktort. Mit rund 40 Hektar Reben ist Berneck heute noch die flächenmäßig größte Weinbaugemeinde im Kanton St. Gallen und bei vielen Winzern kann man vor Ort degustieren. Hier steht inmitten der Reben das historische Torkelgebäude aus dem Jahr 1693. Eine dicke Mauer umschließt im Erdgeschoss einen Torkelbaum, der mit seinen elf Metern Länge und seinem vier Tonnen schweren Stein zu den letzten und imposantesten seiner Art im Rheintal gehört.

Neben dem Weinbau entwickelte sich in Berneck – es soll exemplarisch für viele andere Gemeinden entlang des Rheintals stehen – ein blühendes Gewerbe mit einem großen Industriegebiet nahe der Autobahn und abseits des nach einem Großfeuer von 1848 wieder aufgebauten Dorfzentrums. Viele auch international tätige Firmen haben sich hier im Rheintal angesiedelt und profitieren von der Nähe zu den Nachbarländern Liechtenstein, Österreich und Deutschland. Der Wirtschaftsstandort ist nicht zuletzt deshalb so attraktiv, weil er gleichzeitig naturnahen Lebens- und Erholungsraum und vielfältige Freizeitmöglichkeiten bietet. Die nahe Seebühne in Bregenz mit ihren Festspielen oder die Schubertiade in Feldkirch sind europaweit bekannte Events, die im Rheintal lokale Veranstaltungen kontrastieren: so beispielsweise die Altstätter Fastnacht mit den kuriosen „Röllelibutzen“, die 1647 das erste Mal urkundlich Erwähnung fanden, oder lokale Volksmusik- und Laientheatergruppen. Zudem garantieren zahlreiche, gut ausgewiesene Wanderwege, Velo-Routen und Erlebnispfade jedem Reisenden wunderschöne Ausblicke in die liebevoll gepflegten Rebberge und auf das malerisch hingegossene Rheintal. In den zahllosen Beizen und Restaurants wird eine herzliche Gastfreundschaft gepflegt, die jeden Fremden einlädt, von den vielen regionalen Köstlichkeiten zu probieren oder sich in das Gespräch am Nachbartisch einzumischen.

Eine regionale Spezialität ist der „Rheintaler Ribel“ oder „Türggen Ribel“, der in den letzten Jahren eine Renaissance erfährt. Der Name „Ribelmais“ kommt vom traditionellen Gericht „Ribel“, das man daraus herstellt. Das mit Milchwasser gequollene Maismehl wird mit wenig Fett und unter ständigem Rühren in der Pfanne geröstet, bis sich kleine Knöllchen bilden. Ribel war vom 18. bis ins 20. Jahrhundert das Hauptnahrungsmittel der kleinbäuerlichen Rheintaler Bevölkerung: Praktischerweise

konnte man die fertig gebratenen Ribel auch unkompliziert mit aufs Feld nehmen und mit süßen oder salzigen Beilagen im Geschmack variieren.
Nachweislich wurde seit dem 17. Jahrhundert Mais im Rheintal angebaut, wobei der Mais aus damaliger Sicht aus dem Balkan kam, weshalb auch die Bezeichnung „Türggenkorn" entstand. Der Rheintaler Ribelmais zeichnet sich durch eine große genetische Vielfalt aus, da beim kleinräumigen Anbau der armen Landbevölkerung jeweils die schönsten Kolben für die neue Aussaat im nächsten Jahr verwendet wurden. Durch diese jahrhundertelange Selektion entstanden Sorten, die bestens an die lokalen Gegebenheiten angepasst waren. Früher war der Ribelmais ganz klar ein Armeleute-Essen. Heute wird er dank seines feinen nussigen Geschmacks gerne in der Haute Cusine verwendet, wobei die Zubereitung manchmal eher an Polenta erinnert. So findet sich der Ribelmais bei ambitionierten Köchen des Rheintals wieder häufiger auf der Karte.

HAUS ZUR EINTRACHT

Seit 200 Jahren wird in dem vier Jahrhunderte alten Gemäuer die Gastlichkeit großgeschrieben, denn ungefähr so lange ist es her, dass die damalige Bäuerin mit dem Ausschank von Saft begonnen hat. Die Legende sagt, dass die Oberrieter Bauern gerne ins österreichische Feldkirch zum sonntäglichen Kirchgang gingen, da der dortige Pfarrer seine Predigt auf ein knappes Viertelstündchen begrenzte. So blieb dann anschließend mehr Zeit zum Frühschoppen im grenznahen Haus zur Eintracht.

Das geschichtsträchtige Haus wurde 2005 aufwendig modernisiert. Heute liegt das urige „Buckstübchen" mit dem napoleonischen Kachelofen harmonisch neben der Gaststube mit modernem Mobiliar. Überhaupt wurde beim Umbau darauf geachtet, bestehende Ressourcen auszuschöpfen. So überzeugen die beiden Hotelzimmer durch den lebendigen Kontrast von 400 Jahre alten freigelegten Holzwänden mit zum Teil geheimnisvollen Malereien und hochmoderner Einrichtung bis hin zum Flachbildschirm. Das Wohl des Gastes steht hier, wie im ganzen behindertengerechten Haus, im Vordergrund. So gibt es auch für jeden Anlass den passenden Raum. Die „Rhystube", ein heller, freundlicher Saal, hat Platz für 40 Personen und eignet sich dank modernster Einrichtung sowohl für Bankette als auch für Seminare. Das Buckstübli bietet 20 Personen Platz für eine kleine Familienfeier, ein Firmenessen oder aber für ein romantisches Dinner. In der Gaststube geht es jung und unkompliziert zu.

Haus zur Eintracht
Inhaber: Esther und Hansruedi Frischknecht

Buchstrasse 11
CH-9463 Oberriet

Telefon 00 41 (0) 71 / 7 63 66 66
Telefax 00 41 (0) 71 / 7 63 66 67
www.hauszureintracht.ch

Hier wird der Gast vom frühen Morgen an verwöhnt, ganz egal ob er eine Tasse Kaffee trinken, einen Happen essen oder zum Lunch bleiben möchte. Im Parterre lädt neben der komfortablen Lounge noch der geschmackvolle kleine Weinkeller mit Stehplätzen als idealer Ort für einen Apéro ein. Hier lagern einheimische Ostschweizer Weine, hoch dotierte Bordeauxs und ein buntes Weinsortiment aus ganz Europa, denn Hansruedi Frischknecht ist immer auf der Suche nach edlen Tropfen, die seine raffinierte Küche begleiten dürfen.
Überhaupt bringen Esther und Hansruedi Frischknecht ein bisschen von der stilvollen Eleganz der französischen Küche ins St. Galler Rheintal. Auch wenn die Speisekarte in heißen Sommertagen eher mediterrane Akzente setzt, so liegt dem Küchenchef doch die Noblesse der französischen Küche besonders am Herzen. Wen wundert's, da Hansruedi Frischknecht seine Kochkunst nicht zuletzt bei einem französischen Sternekoch verfeinert hat?
Die kleine Karte versteht sich eher als Speiseempfehlung für jeden Tag, wobei natürlich auch hier pfiffige Zutaten-Allianzen für höchsten Genuss sorgen. Die große Karte ist eine Speisekarte für Gourmets, die von der exklusiven Entenleberterrine bis hin zum sautierten Wildfang-Zanderfilet mit Baumnusskruste keine Wünsche offen lässt. Bemerkenswert ist noch, dass ausschließlich Meerestiere verwendet werden, die vom WWF Einkaufsführer empfohlen werden. Wären jetzt noch die Kinder gut betreut, während die Eltern schlemmen ... Im Sommer kann das die herrliche Gartenwirtschaft tatsächlich auch noch bieten. Der großzügige Kinderspielplatz unterhält den Nachwuchs in Blickweite der tafelnden Eltern, die an ansprechend gedeckten Tischen unter uralten Bäumen bald wunschlos glücklich sein werden.

Entenleberterrine
(für 10 Personen)

Zutaten

1 kg Entenleber, pariert, in großen Stücken
15 g Pastetengewürz
30 ml Kirschwasser
30 ml Portwein
weißer Pfeffer aus der Mühle

Garnitur

5 EL Akazienhonig
30 g gehackte, schwarze Trüffel
5 Orangen, filetiert
10 Hibiskusblüten, confiert

Zubereitung

Alle Zutaten vorsichtig mischen und über Nacht im Kühlschrank ziehen lassen. Die marinierte Entenleber in eine Terrinenform pressen und mit Klarsichtfolie abdecken. Bei 95 °C im Steamer circa 15 Minuten dämpfen. Die Terrine ist gar, wenn das Innere auf leichten Fingerdruck nachgibt. Überschüssiges Fett abgießen. Die Terrine mit einer gleichgroßen Form über Nacht pressen, sodass die Masse kompakt wird. Die gut gekühlte Terrine stürzen und mit einem heißen Messer portionieren.
Zwei Tranchen auf einem Teller anrichten und mit den Garnituren gefällig garnieren. Brioche-Toast und ein Gläschen Süßwein sind die idealen Begleiter zu dieser feinen Vorspeise.

HEINI HAUBENSAK

Heini Haubensak
Rebbau und Weinkellerei

Rorschacherstrasse 22
CH-9450 Altstätten

Telefon 00 41 (0) 71 / 7 55 14 09
Telefax 00 41 (0) 71 / 7 55 14 90
www.haubensak-weine.ch

Heini Haubensak ist ein Mensch, der, obwohl der Tradition verpflichtet, Neuerungen gegenüber aufgeschlossen ist. Er ist der von seinem Vater ausgegebenen Devise, den Wein mit möglichst wenig Manipulation zu bereiten, treu geblieben. Seine Vorfahren waren schon der Meinung, dass die eigentliche Weinbereitung mit den Reben beginnt. Es braucht also einen Oenologen und Rebbauern in einer Person. Einer, der seine Trauben kennt und der die Böden, die Landschaft und die Zeichen der Natur zu lesen versteht, der aber gleichwohl mit den modernen Techniken des Kelterns und Vinifizierens vertraut ist. Ein Wein ist für Heini Haubensak etwas Lebendiges, Edles, das das Gute im Menschen anspricht und entschieden zur Lebensqualität beiträgt. In der weit über 100-jährigen Tradition ist die Firma Heini Haubensak mit diesem Grundsatz zum größten Traubenverwerter wie auch Eigenanbauer von Reben im St. Galler Rheintal geworden und hat sich weit über die regionalen Grenzen hinaus einen Namen gemacht.
Das liegt auch an der umsichtigen Modernisierung der Produktpalette – heute gibt's übrigens auch Traubenessig und Traubenkernöl –, die sich der Nachfrage und den aktuellen Vorlieben von Weinliebhabern angepasst hat. Haubensak stellt Blauburgunder, Cabernet Sauvignon, Syrah, Merlot, Nebbiolo, Pinot Blanc, Pinot Gris, Gewürztraminer, Sauvignon Blanc, Chardonnay und Riesling Silvaner, der als Müller Thurgau besser bekannt ist, her. Immer ist es ihm ein Anliegen, das Eigentümliche, Persönliche und Unnachahmliche einer jeden Rebe und jeder Lage in Flaschen füllen zu können. Und was die Lagen angeht, so kann doch der Rebbauer einige ganz besondere sein Eigen nennen. Da ist zum einen der Eichberger Chapf. Seit 1552 wird der Chapf als Weinberg genutzt und nach einer wechselvollen Geschichte ist dort 1986 unter der Regie von Heini Haubensak die größte zusammenhängende Rebbauterrassierung im Kanton St. Gallen erstellt worden. Durch diese weitsichtigen Maßnahmen wurde die Bewirtschaftung am idyllischen Chapf erleichtert, die Humusschicht kann sich besser aufbauen und eine breitere Pflanzen- und Insektenvielfalt konnte das Gleichgewicht

zwischen Kultur und Natur weitgehend wieder herstellen. Die hohe, steile Südlage des Hoch-Chapfs, nebelfrei und sonnendurchflutet, erlaubt die Kultivierung von Spitzenprodukten. Auf humusreichem Boden mit hohem Tonanteil wachsen charaktereigene, farbenreiche und milde Weine, die durch regelmäßige Föhnphasen im Herbst ein volles Ausreifen der Trauben erfahren. Spitzenweine, die mehrfach ausgezeichnet und weit über ihre Anbaugrenzen hinaus geschätzt werden.

Erwähnenswert sind auch die Altstätter Lagen, die den Altstätter Spitöler und den Altstätter Forst hervorbringen. Der Rebhang oberhalb des Altstätter Bürgerheims war die erste Lage, die der Firmengründer 1910 für den Eigenanbau erwarb. Und bis heute wird hier einer der traditionsreichsten Weine der Schweiz – seit dem 10. Jahrhundert wird hier Wein angebaut – gezogen. Durch traditionelle Kelterung wirkt dieser kräftige Rotwein dennoch harmonisch und weich am Gaumen. Ein großer, geschichtsträchtiger Wein genießt so heute wieder den Ruf, den er sich über Jahrhunderte erworben hat.

Haubensaks Diktum aber, dass im Wein auch die Persönlichkeit des Weinbauern und Kellermeisters erkennbar sein muss, ist nicht nur in der durchgängig hohen Qualität aller Weine schmeckbar – der gekonnte Barrique-Ausbau und die Kunst des Cuvierens gehören hier so selbstverständlich dazu wie die kundige Lagerung im historischen Kreuzgewölbe der Kellerei – vielmehr präsentieren sich Haubensaks Weine auch außergewöhnlich. Als wohl erster Winzer im deutschsprachigen Raum gab er seinen Wein-Spezialitäten Künstleretiketten. Ferdinand Gehr, der international bekannte Kirchenmaler, war der erste in einer Reihe von Künstlern, die Heini Haubensak bat, ein Etikett zu gestalten. Heute unterscheiden sich also Haubensaks Weine nicht nur in ihrer Ehrlichkeit und Geradlinigkeit von anderen, sie sind auf jeder festlich gedeckten Tafel, ganz gleich ob Spätlese, Cuvée oder Eiswein, auch ein Hingucker.

RESTAURANT UND WEINBAU BURG AU

Queen Elisabeth, Nelson Mandela und die japanische Kaiserfamilie waren schon seine Gäste: Fabian Strutz, Geschäftsführer und Koch der Burg in Au ist trotz seiner Jugend schon viel in der Welt herumgekommen. Er war mit 23 Jahren der jüngste Küchenchef in einem 1100-Zimmer-Hotel in Hongkong, nur um dann noch weitere illustre, berufliche Stationen dran zu hängen. Dass einer wie er Koch mit Leib und Seele ist, versteht sich von selbst. Die Burg in Au ist sein erstes eigenes Restaurant – ein lang gehegter, über Jahre gewachsener Traum. Geschmackvoll hat er das 400 Jahre alte Haus renoviert und in den Gaststuben aus dem 17. Jahrhundert mit knallroten Lederstühlen einen modernen Kontrapunkt gesetzt. Fabian Strutz liebt das Spiel mit den Gegensätzen – was in seiner Küche das Süß-saure oder das Pikant-fruchtige ist, das ist die geschmackvoll moderne Einrichtung in einem betagten Traditionshaus wie der Burg in Au. Und doch entsteht jeweils ein harmonisches Ganzes. Vielleicht ist das auch eine Kunst, die Fabian Strutz aus Asien mitgebracht hat?

Die Asiaten gehen ja bekanntlich ganzheitlicher an das Leben heran als wir Europäer – ihre Küche will immer alle Geschmacksknospen ansprechen und möglichst noch ein kleines, optisches Kunstwerk auf dem Teller bieten. Fabian Strutz' Küche ist leicht und immer auf den Punkt genau, er experimentiert mit Gewürzen, wagt auch bis dahin ungewohnte Geschmacksallianzen und führt in seinen Kreationen gerne die Adjektive „bodenständig“ und „exotisch“ zusammen: Pikante Sauerkraut-Honigsuppe

Restaurant und Weinbau Burg Au
Geschäftsführer und Küchenchef: Fabian Strutz

Walzenhauser Strasse 100
CH-9434 Au

Telefon 00 41 (0) 71 / 7 44 11 13
www.burg-au.ch

mit Fasanenburger oder der gebratene Wolfsbarsch auf Kohlrabengemüse mit Mohnschupfnudeln und weißer Trüffelschaumsoße sind dafür nur zwei Beispiele.
Zahlreichen Stammgäste und ein exzellenter Ruf weit übers Rheintal hinaus sind der liebste Lohn für Fabian Strutz, der sich absoluter Qualität schon bei den Zutaten verschrieben hat. Lieber nimmt er ein Gericht wieder von der Karte und ersetzt es durch etwas anderes, als dass er mit einem bereits eingekauften Produkt arbeitet, das seinen Vorstellungen nicht entspricht. Da ist es ganz selbstverständlich, dass auf der Tageskarte immer saisonal inspirierte Menüs angeboten werden: Fleisch, Fisch, vegetarische Gerichte und Business-Lunch sind jeden Tag in fantasievollen Kreationen zu haben, denn Gemüse schmeckt in der Saison einfach noch mal so gut. Abwechslung und variantenreiche Zubereitung sind dabei oberstes Gebot, denn Fabian Strutz will nicht nur seine Gäste immer wieder überraschen, er selbst sucht auch jeden Tag die Herausforderung, das Bestmögliche auf den Tisch zu bringen. Die Einflüsse aus Asien sind heute mehr eine Note seiner Küche, erklärt Fabian Strutz: Europäer und Asiaten sind doch recht unterschiedlich in ihren Vorlieben – insbesondere die Schärfe muss für europäische Zungen deutlich reduziert werden. Es ist das Spannungsfeld der verschiedenen Kulturfelder, das ihn reizt und das er seinen Gästen kulinarisch näher bringen will. „Nicht zuletzt die Gelassenheit ist etwas, was wir von den Asiaten lernen können", meint Fabian Strutz. In der Burg in Au kann man diesbezüglich ganz nebenbei einen „Anfängerkurs" besuchen: Wer bei traumhaftem Blick ins Rheintal, mit einem edlen Tropfen aus der umfangreichen Weinkarte – die Burg baut auch ihren eigenen Wein an! – vor einer der verheißungsvollen Köstlichkeiten sitzt, der vergisst Alltag, Ärger und Stress ganz von selbst.

WEINGUT SCHMID WETLI

„Wein ist Poesie in Flaschen", soll der berühmte Schriftsteller Robert Louis Stevenson gesagt haben. Wenn er Recht hat, dann ist Kaspar Wetli ein Dichter-Kollege von ihm. Als Nachfolger von Jakob Schmid führt er das Traditionshaus in der nun fünften Generation am gleichen Standort in einer Umgebung mit mehr als 1000-jähriger Weinbautradition. Ihm selbst wurde die Liebe zum Wein in die Wiege gelegt, denn er stammt aus einer Winzerfamilie vom Zürichsee, die bereits seit dem 13. Jahrhundert die Traube in ihrem Familienwappen führt. Kaspar Wetli hat sein Handwerk dennoch sehr gewissenhaft studiert: Nach der Ausbildung als Winzer absolvierte er Lehrstationen bei verschiedenen renommierten Weingütern in Südtirol, Burgund, Würzburg und der Pfalz. Der Abschluss am Technikum in Önologie vervollständigte sein Fachwissen, das er mit leidenschaftlichem Interesse bis heute immer weiter erneuert. Denn Kaspar Wetli ist überzeugt, dass mikrobiologisches und technisches Verständnis den heutigen Wein im Vergleich zu früher besser machen. Seiner Meinung nach ist es die richtige Mischung aus der zu einer Rebe passenden Lage, Erfahrung und modernsten Kelter-, Maische- und Lagermethoden, die einen Spitzenwein hervorbringen. Und natürlich ist heute wie früher die geschulte, sensorische Beurteilung eines Weins und das gewissenhafte Überprüfen der verschiedenen Stationen im Labor am wichtigsten, denn jeder Wein soll gleichzeitig harmonisch und rund in Nase und Gaumen sein und doch immer auch einen eigenständigen, unverwechselbaren Charakter haben. Bis ins 18. Jahrhundert waren die Bernecker Weinberge in klösterlichem Besitz und der

Schmid Wetli AG

Tramstraße 23
CH-9442 Berneck

Telefon 00 41 (0) 71 / 7 44 12 77
Telefax 00 41 (0) 71 / 7 44 79 12
www.schmidwetli.ch

Wein den Patriziern und der hohen Geistlichkeit vorbehalten. Heute, längst sind die aufwändig terrassierten Lagen in Privatbesitz, hat Kaspar Wetli die ehrenvolle Aufgabe, den Otmarwein, eine Hausabfüllung für das Kloster, zuzubereiten. Gerne übernimmt er solche Aufgaben, denn er ist, wie er schmunzelnd zugibt, „angefressen" vom Wein. Mit Leidenschaft und Freude muss er bei der Sache sein, bedenkt man das Pensum, das Kaspar Wetli mit seinem Team absolviert: Zu den jahreszeitlichen Arbeiten im Weinberg kommen das Betreuen baulicher Maßnahmen, wie das Terrassieren von Hängen, um Sonneneinstrahlung und Bodenverhältnisse für die Reben zu optimieren, ständige Umbauten am Gehöft, um technischen Entwicklungen Rechnung zu tragen und nicht zuletzt die sensible Arbeit des Vinifizerens, wenn die Trauben erst einmal in der Maische liegen. Hier ist es wieder die kunstvolle Balance zwischen Innovation und Tradition, die man bei der Firma Schmid Wetli bewusst sucht: emaillierte Stahltanks, in denen die Maische vorsichtig erwärmt werden kann, um unter idealen Bedingungen zu gären, stehen als moderne Errungenschaft robusten Holzfässern aus Schweizer Eiche gegenüber, in denen die Weine wie von alters her Zeit und Ruhe zum Reifen haben. Seit 1970 profitieren die Weine aus dem St. Galler Rheintal noch von einer anderen Veränderung: Im Durchschnitt bringen heute die Trauben zehn bis 25 Grad Öchsle mehr Mostgewicht resp. Zuckergehalt. Kaspar Wetli erklärt sich dieses von ihm sorgsam dokumentierte Phänomen mit den Folgen des Klimawandels: Die durchschnittliche Jahrestemperatur ist leicht angestiegen. Nicht zuletzt daran liegt es, dass er mit der früher gefürchteten Konkurrenz aus dem Süden längst „auf Augenhöhe" ist: Ein strukturreicher, tiefgründiger Pinot Noir vom Weingut Schmid Wetli kann es heute gut mit südlichen Gewächsen aufnehmen. Kaspar Wetli und seine Frau sind auch als Gastgeber von Weinproben im kleinen Kreis wie für größere Gesellschaften erprobt: Mit Sachverstand und Liebe erklären sie ihre Weine, geben Tipps zur richtigen Trinktemperatur und Lagerung und erläutern die vielschichtigen Aromen, ohne je in das heute so verbreitete blumige Fantasieren zu geraten. Der Erfolg, den Kaspar Wetli mit seinen Weinen beim Publikum, aber auch auf Fachmessen in Form von zahlreichen Auszeichnungen hat, gibt ihm und seinem Lebensmotto recht: Das Winzerleben ist ein Glück.

METZGEREI UND SPEISERESTAURANT OCHSEN

Metzgerei und Speiserestaurant Ochsen

Metzgerei Kast GmbH
Walter Kast

Neugasse 8
CH-9442 Berneck

Telefon 00 41 (0) 71 / 7 47 47 20
Telefax 00 41 (0) 71 / 7 47 47 25
www.metzgerei-kast.ch

Gasthaus Ochsen
Peter Kast

Neugasse 8
CH-9442 Berneck

Telefon 00 41 (0) 71 / 7 47 47 21
Telefax 00 41 (0) 71 / 7 47 47 25
www.ochsen-berneck.ch

Mit acht seiner Spezialitäten hat Walter Kast, Metzgermeister im Ochsen in Berneck, an der Qualitätsprüfung der Schweizer Metzgermeister teilgenommen und alle acht – Appenzeller Siedwurst, Fleischkäse, Kalbfleischlyoner, Rahmblutwurst, Rheintaler Cervelats, Rucksacksspeck und St. Galler Bratwurst – haben eine Goldmedaille gewonnen. Wäre Kast ein Sportler, hätte man ihm bei so vielen Medaillen wohl den Beinamen „Goldjunge" angehängt. Betrachtet man die vielen Urkunden im weiß gekachelten Ladenlokal in Berneck, dann erinnert das tatsächlich an sportliche Auszeichnungen. Der Vergleich ist nicht so weit hergeholt: Für den Sport, der Metzgermeister ist ein begeisterter Sportschütze, und für den Beruf braucht es höchste Konzentration und stete Leistungsbereitschaft. Walter Kast erklärt sich seinen Erfolg mit der bedingungslosen Qualität seiner Produkte: Rezeptur, Rohmaterial und handwerkliche Verarbeitung müssen auf gleichbleibend hohem Niveau sein. Viele seiner Spezialitäten stellt er nach überlieferten Rezepten seines Vaters her, andere nach von ihm mit viel Geduld weiter entwickelten Rezepturen. Immer ist das Fleisch die wichtigste Grundzutat: frisch muss es sein und die Haltung der Tiere und ihr Futter muss für Metzger Kast zu jeder Zeit transparent sein, damit er sich mit der ihm angebotenen Qualität zufrieden gibt. Wichtig ist ihm deshalb, dass das Fleisch aus der Region kommt – das spart aufreibende Transportwege für die Tiere und macht für ihn selbst die Kontrolle seiner Zulieferer einfacher. Das große Angebot an Aufschnitt und Würsten aus der hauseigenen Wurstküche wird ergänzt durch zahlreiche Produkte aus der Räucherei. Metzger Kast betont, dass viele Spezialitäten im Rauch – eine Wissenschaft für sich – erst das richtige Aroma entfalten: Seine und vieler Kunden Lieblingswurst, das „Wy-Buure-Pantli" ist ein perfektes Beispiel für diese These. Ergänzt wird das große Angebot an Fleisch- und Wurstwaren durch eine Theke mit frischen Fischen, zahlreichen Pasteten und Salaten sowie Import Edelstücken vom Lamm oder US-Beef. Außerdem finden sich natürlich viele fertig gekochte Köstlichkeiten aus der Ochsenküche in den Verkaufsregalen der Metzgerei.

Die Synergien könnten nicht besser sein: Die Metzgerei von Walter Kast beliefert die Ochsenküche seines Bruders Peter Kast im gleichen Haus mit den besten Fleischstücken und umgekehrt verkauft die Metzgerei die Lieblingsgerichte vieler Bernecker fix und fertig für den Genuss zu Hause. Peter Kast berichtet, dass er den Bereich der Mutter übernommen hat, während sein Bruder als Metzger den Vater beerbte. Kochen war für Peter Kast immer schon eine Leidenschaft. Schon als Bub hat er gerne in die Töpfe geguckt und in seinen Lehr- und Wanderjahren hat es ihn in aller Herren Länder verschlagen: Japan, USA und die Westschweiz waren seine Stationen. Mit dem Kopf voller Ideen und verfeinertem Handwerkszeug ist er nach Berneck zurückgekommen und hat mit Bedacht das Lebenswerk seiner Mutter fortgeführt, allerdings nicht ohne moderne Impulse zu setzen. So finden sich heute noch als Reminiszenz an die Kochkunst der Patronin allein sieben verschiedene Kutteln Rezepte auf der Karte. Aber auch die asiatische Note schlägt hier und da durch und viele gutbürgerliche Klassiker werden von Peter Kast modern interpretiert. Mit zwei verschiedenen Gasträumen trägt der Koch sowohl seinen Wurzeln als auch seiner eigenen, anspruchsvollen Kochkunst Rechnung. In der gemütlichen Dorfbeiz gleich neben der Metzgerei genießt man neben den täglich wechselnden Menüs vor allem ehrliche Hausmannskost und währschafte Vesperplatten. In gediegenem Ambiente im ersten Stock gibt es mittags einen gehobenen Business-Lunch und auch der Gourmet kommt voll auf seine Kosten. Hier serviert Peter Kast seine kreativen Monats-Menüs: Saisonal inspiriert stellt er mit mehrgängigen Feinschmeckermenüs seine Kreativität und seine Lust an der ambitionierten Haute Cuisine unter Beweis. Bleibt nur noch zu erwähnen, dass die Gebrüder Peter und Walter auch ein eingespieltes Caterer-Team sind und – keine Frage – auch in diesem Bereich in der obersten Liga spielen.

MAIENHALDE

Maienhalde
Reb- und Weingut & Speiserestaurant
Familien Indermaur

Obereggerstrasse
CH-9442 Berneck
www.maienhalde.ch

Reb- und Weingut
Telefon 00 41 (0) 71 / 7 44 12 46
Telefax 00 41 (0) 71 / 7 44 12 79

Restaurant
Telefon 00 41 (0) 71 / 7 44 13 62
Telefax 00 41 (0) 71 / 7 44 13 16

Inmitten eigener Rebberge gelegen, mit einer prächtigen Aussicht über Berneck und das St. Galler Rheintal bis hin zum Vorarlberg, liegt die Maienhalde. Bereits in vierter Generation führen die Brüder Peter und Kurt Indermaur den Familienbetrieb, unterstützt von ihren Ehefrauen Renate und Jenny.

Die besondere Lage macht sich auch im vielseitigen Speisenangebot bemerkbar. Das Team von Kurt Indermaur lässt den Gast nämlich gerne mal über den (Teller-)Rand des Kantons schauen: „Bündner Gerstensuppe", „Appenzeller Schweinssteak" mit Appenzellerkäse, in Rotwein geschmorte „Hirschhaxe Veltliner Art", „Saltimbocca Valbella" mit Rohschinken und Alpkäse, „Bodenseefelchen an Weißweinrahmsauce" – und das alles marktfrisch mit möglichst regionalen Zutaten.

Im Frühjahr gibt es feine Rheintaler Spargel- und Bärlauchgerichte, im Sommer begeistern beispielsweise „Crevetten-Kefensalat", „kalte Erdbeer-Zitronensuppe", diverse Fitnessteller und Grillgerichte oder ein „Vesper-Plättli". Dann ist hinterher auch noch Platz für hausgemachtes Erdbeer-Tiramisu oder „Zitronensorbet Caipirinha" mit marinierten Limetten und Zuckerrohrschnaps.

Weit bekannt ist die Maienhalde für ihre feinen Wildgerichte im Herbst, alles aus frischer Jagd. Wer sich nicht entscheiden kann zwischen Junghirsch-Steak, Rehschnitzeln, verschiedenen Wildpfeffer-Arten und anderem, der sollte zum „Wild-Buffet" kommen. Hier gibt es einfach alles: Wildterrinen und -pasteten, Wildtrockenfleisch, Siedfleisch und Carpaccio, üppige Hauptgerichte wie „Wildschwein-Topf", „Hirschschaschlik", „Hirschröllchen mit Dörrpflaumen" oder

„Rehgigot am Stück" und Vieles mehr – einfach wunderbar!
Auch über die Festtage kann man sich in der Maienhalde mit exklusivem Essen verwöhnen lassen, von herrlichen Weihnachtsmenus bis hin zum mehrgängigen Silvester-Gala-diner.
Und das Schöne: Dank Peter Indermaur gibt es zu allem den passenden Wein. Aus der Haupttraube Pinot Noir keltert er einen vollmundigen, geschmeidigen Blauburgunder und den kräftigeren „Pinot Noir Cuvée Spéciale", der sein besonderes Bukett dem Barrique-Ausbau verdankt. Zudem entstehen aus dem Pinot Noir durch sofortiges Abpressen der Trauben der „Federweiss", ein fruchtiger, gehaltvoller Weißwein mit zarter Lachsfarbe, der perfekt zum Apéro und zu Fisch passt, und der „Oeil de Perdrix", ein hellroter, zart-fruchtiger Roséwein, der durch kurzes Stehenlassen der Traubenmaische gewonnen wird.
Unter den Weißen dominiert der Müller-Thurgau, Weinfreunden bekannt als „Riesling x Sylvaner". Diese Traube hat auch – neben weiteren Sorten – einen wichtigen Anteil am ebenfalls fruchtigen, aber leicht exotisch anmutenden „Cuvée Blanc". Ergänzt wird das Angebot durch einen exzellenten Gewürztraminer und einen charakteristischen, aromatischen Chardonnay.
Neben den traditionellen Weinen keltert Peter Indermaur auch mehrere Eigenkreationen, die sympathischerweise die Namen seiner Familienmitglieder tragen: Aus der hier seltenen Rebsorte „Shiraz" (Syrah) entsteht im Barrique-Ausbau der schön strukturierte, dunkelrote, nach Kirschen duftende „Laurin". Als sehr gelungene Kombination aus Shiraz und Pinot Noir erweist sich der „Cuvée du Patron", ein in Barriques ausgebauter, gehaltvoller, gerbstoffreicher und an Brombeeren erinnernder Wein, der wunderbar zu kräftigen Fleischgerichten passt. Vorzüglich zum Dessert sind die beiden im Portweinverfahren gekelterten, süßlichen Weine „Ramõn" (Pinot Noir) und „Renate" (Gewürztraminer), die durch die Zugabe eines Edelbrands etwas alkoholreicher sind. Und schließlich gibt es noch „Fiona", den frischen, spritzigen Schaumwein aus dem Cuvée Blanc, der durch ein schönes, ausgewogenes Bukett überzeugt. Auf Voranmeldung steht der Weinkeller übrigens für Besichtigungen, Apéros und auch Degustationen zur Verfügung – das sollte man nutzen!

THERESA & URS ZÜND

Theresa & Urs Zünd

Im Büdele hinter dem Rathaus
CH-9442 Berneck

Telefon 00 41 (0) 71 / 7 44 39 25
Telefax 00 41 (0) 71 / 7 44 54 74
www.urszuend.ch

Sein Vater war ein Bildhauer, die Mutter nähte für den Lebensunterhalt der siebenköpfigen Familie. Urs Zünd zehrt heute noch von der Harmonie und der Grenzenlosigkeit seiner Kindheit. Gewohnt hat die Familie am Dorfrand von Balgach, in der Nähe von Berneck, näher am Wald als am Dorf – fast schon einsam. Eine Ziege und ein Esel, ein Ferkel, Hühner und Kaninchen waren die Spielkameraden der Kinder. Selbstverständlich haben die Kinder den Nachbarbauern beim Heuen und bei der Ernte geholfen, viel schöner war es aber, ziellos durch den Wald zu streifen, Pilze zu suchen oder die ersten Himbeeren zu finden.
Da lag der erste Berufswunsch des Urs Zünd als Briefträger auf der Hand: Herrlich muss das sein, im Dienste der Post jeden Tag durch die Landschaft zu wandern. Nur wollte die

PTT ihren neuen Postboten lieber in Zürich oder St. Gallen einsetzen. Kurzerhand hat Urs Zünd den Dienst quittiert und sich seinem zweiten Berufsleben als Rebmeister zugewandt. Als Autodidakt, der mit Weinbau-Kursen in Wädenswil immer parallel zu den anstehenden Arbeiten im Weinberg dazulernte, gelang ihm auf Anhieb – auch mit Glück, wie er eingesteht – ein sehr guter Wein, der seinen Auftraggeber, einen Schweizer Fabrikanten aus dem Dorf, sehr zufriedenstellte. Nur Urs Zünd selbst suchte immer noch eine neue Herausforderung: Er versuchte es wegen seines handwerklichen Geschicks als Lüftungsmonteur und hat sich in diesem Bereich später selbstständig gemacht. Zwischendurch, 1973, hatte er das alte Rheintalhaus hinterm Rathaus in Berneck gekauft und begonnen, es langsam wieder in Schuss zu bekommen. Nach fast 20 Jahren auf dem Bau war es für ihn an der Zeit, sich mit etwas Neuem zu beschäftigen: Diesmal sollte es die Glasbläserei sein. Wieder als Autodidakt und wieder von null angefangen. Schon nach einem Jahr hat er das erste Gebrauchsmuster-Patent

THERESA & URS ZÜND

angemeldet. Zart, zerbrechlich und sehr konzentriert ist seine Kunst. Seine Gebilde sind von unverkennbarer Klarheit in der Formensprache, oft aber auch mit einem praktischen Mehrwert. Kommt hier das Erbe des künstlerischen Vaters zum Tragen? Vielleicht. Schnell hatte sich Urs Zünd, der Glasbläser, einen festen Kundenstamm, sichere Vertriebswege und eine wachsende Anhängerschaft seiner Weingläser, Karaffen, Lichterkettenschirmchen usw. erarbeitet. Und irgendwie ist er dann in seine fünfte Profession hineingerutscht. Er sollte einen Apéro für eine Firmengruppe ausrichten, die ihm beim Glasblasen zuschauen wollte. Das nächste Mal war es schon sein bei Freunden sehr geschätztes Pesto, das er anbot, dann eine kleine Sensation aus dem Römertopf und schnell war klar: Hier schläft eine neue Leidenschaft! Innerhalb einer halben Stunde hat sich Urs Zünd bei seinen Nachbarn im Rathaus ganz unbürokratisch und auf dem kleinen Dienstweg die offizielle Bewilligung geholt, ein Gasthaus zu führen.

Mit viel Erfolg betreiben er und seine Frau Theresa heute ein heimeliges, geschmackvolles Gaststübli – liebevoll mit altem Leinen und echten Zünd-Gläsern eingedeckt und persönlicher geht's nicht: Denn auf Vorbestellung kochen die Zünds jetzt für Gruppen bis zu 20 Personen in ihrer schmucken Privatküche, von der die eine Tür in den Gastraum führt, die andere in die Glasbläserwerkstatt und von dort direkt in den gepfleg-

ten Kräutergarten. Lauschig kann man hier im Sommer neben duftenden Rosmarinsträuchern und verschiedenfarbigem Thymian sitzen und genießen, was Theresa und Urs zaubern. Sie haben sich einer Naturküche mit mediterranem Einschlag verpflichtet – selbst gesammelte Pilze, im eingebauten, offenen Kamin auf den Punkt gebratenes Fleisch, aromatische Kräuter und saisonales Gemüse entsprechen ihrer Liebe zur Landschaft und ihrem Respekt vor den Gaben der Natur. Viel Lob und einige Auszeichnungen hat dieser ungewöhnliche Koch bereits eingeheimst. Was aber die besondere Gastfreundschaft ausmacht, ist sicher, dass sich die Gastgeber auch mit ihren Gästen bekannt machen: Man erzählt, tauscht aus und verlässt das Haus nicht mehr als Fremder. Die Geschichte, wie sein Vater einem Fuchs das gerissene Huhn wieder abgenommen hat, die soll er Ihnen selbst erzählen – fragen Sie ihn danach!

METZGEREI KÜTTEL

Werner Küttel hat das Metzgerhandwerk im Blut – seine Eltern haben die Metzgerei in Berneck vor mehr als 40 Jahren übernommen und es war für ihren Sohn Werner schon als Kind klar, dass er einmal dieses Erbe übernehmen wollte. Mit einem Blick sieht er, welches ein gutes Stück Fleisch ist, welcher Braten von einem jungen Tier stammt und welches Stück sich eher für die Wurstzubereitung eignet. Für ihn hat – auch wenn das zunächst paradox klingen mag – die richtige Veredelung des tierischen Rohstoffs viel mit Achtung vor dem lebendigen Tier zu tun. Er als Metzger fühlt sich dazu verpflichtet, das Beste aus jedem Stück Fleisch herauszuholen. Auch die schmackhafte Verwertung von weniger gefragten Rindfleischstücken, die ihn auf seine Erfolgsidee Knabberfleisch brachte, fällt in diese Kategorie: Mittlerweile stellt die Metzgerei mehrmals pro Woche die rassig gewürzten, luftgetrockneten Streifen aus Rinds- und Trutenfleisch her und hat damit großen Erfolg. Als Snack unterwegs, vor dem Fernsehapparat oder zum Apéro: Die Knabberli der Metzgerei Küttel sind ein Verkaufsschlager. Kaum eine Tankstelle im Rheintal, die sie nicht im Sortiment hätte. Und „Reklamationen", wie die eines Chauffeurs aus Basel, der sich telefonisch bei Werner Küttel über das „Suchtpotenzial" seines Knabberfleischs beschwert hat, nimmt Werner Küttel gerne entgegen. Geschmacklich erinnern die küttelschen Knabberli an das amerikanische beef jerky, ein Trockenfleisch, das es unter anderem Namen in vielen Kulturen gibt und in Nordamerika in fast jedem Supermarkt in zahlreichen Variationen zu haben ist.

Das ist jedoch nicht die einzige Neuschöpfung des kreativen Metzgers Küttel: Zusammen mit anderen hat er eine „Brauer-Wurst" entwickelt. Das ist eine grobe Schweinswurst, die mit etwas Bier gewürzt ist. Und neuerdings verkauft er auch eine „Bernecker Marc-Wurst". Sobald die Grillsaison beginnt, wird der Kunde entscheiden, ob diese aromatische Kreation im Sortiment bleibt oder den beliebten Klassikern wie verschiedenen Kalbs- und Schweinsbratwürsten, Cervelats, Wienerli und Schüblig, die alle aus der eigenen Wurstküche kommen, weichen muss.

Metzgerei Küttel

Neugasse 14
CH-9442 Berneck

Telefon 00 41 (0) 71 / 7 44 15 04
Telefax 00 41 (0) 71 / 7 44 05 04
www.metzgerei-kuettel.ch

Zu den Wurst-Spezialitäten des Hauses, für die die Kundschaft auch schon mal aus dem Vorarlberg anfährt, gehören außerdem das Bauerngeräucherte, Mostbröckli, Vesperspeck, heiß geräucherte Rippli und Hauspantli. Werner Küttel freut sich am Austausch mit Kunden und die vielen positiven Rückmeldungen und zahlreichen Auszeichnungen sind ihm Ansporn für qualitative Höchstleistung. Seine Kunden, viele davon kamen auch schon zu seinen Eltern, schätzen die qualifizierte Beratung, die sie im Fachgeschäft Küttel in Sachen Zubereitung oder Lagerung mit auf den Weg bekommen. Und natürlich sind die küchenfertigen Fleischstücke eine willkommene Arbeitsersparnis: Mit wenigen Handgriffen gelingt so auch die Bewirtung für eine größere Gesellschaft: Schinken wird auf Wunsch vorgekocht, Braten fix und fertig gewürzt oder Kassler im Brotteig ofenfertig vorbereitet. Werner Küttel kann seinen Kunden diesen Service routiniert bieten, weil er viele kleinere Dorfläden beliefert und dort neben klassischem Aufschnitt aus eigener Herstellung meist auch frisch zubereitete, handlich portionierte Speisen wie Kutteln, Gulasch oder Leberknödel verkauft. Und ohne dass die Metzgerei Küttel je Werbung dafür gemacht hat, hat sich aus dem Richten kleiner Apéro-Platten mittlerweile ein eigener Geschäftszweig entwickelt: Der kleine aber feine Partyservice, der zunächst nur Privatleuten unter die Arme gegriffen hat, übernimmt mittlerweile sehr routiniert die Bewirtung von bis zu 1000 Personen. Das Know-how bringt Werner Küttel, und wenn ihm Gerätschaften oder Personal fehlen, dann hat er ein funktionierendes Netzwerk, auf das er zurückgreifen kann. Qualität, da ist sich Metzger Küttel sicher, setzt sich immer durch.

WEINGUT TOBIAS SCHMID & SOHN

Weingut Tobias Schmid & Sohn
Inhaber: Peter Schmid

Hinterburgstrasse 24
CH-9422 Berneck

Telefon 00 41 (0) 71 / 7 26 10 10
Telefax 00 41 (0) 71 / 71 26 10 20
www.tobiasschmid.ch

Wer ist jetzt Tobias Schmid? Wer sein Sohn? Peter Schmid, Inhaber des Weinguts Tobias Schmid und Sohn, erzählt verschmitzt, dass Tobias sein Großvater und dessen Sohn Ernst sein Vater war. Bereits seit 1866 gibt es das Weingut Tobias Schmid und Sohn, das idyllisch im kleinen Tal Hinterburg, am Fuße des Weinbergs Rosenberg liegt. Heute steht mit Peter Schmids Kindern Tobias, Christoph und Esther bereits die nächste Generation am Start, die das Weingut mit der gleichen Verve weiterführen will wie die Generationen davor. Denn längst ist das geschichtsträchtige Weingut nicht mehr nur Weingut im eigentlichen Sinn. Heute lassen sich in den historischen Räumen Torkel, Stadel und Buschenschenke zünftige Feste feiern, drei ausgebaute Busse machen eine Weinprobe auf Rädern zum Event und eine sommerliche, festlich geschmückte Tafel mitten im Weinberg ist an Romantik durch nichts zu übertreffen.
Ganz langsam hat sich das Weingut über die Jahre zu einer der ersten Adressen für gesellschaftliche Großereignisse entwickelt. Dabei hat alles mit der kleinen, urigen Weinstube und Winzernudeln aus der Riesenpfanne als Schmankerl zum Wein begonnen. Heute gibt es eine hochmoderne Küche, die bis zu 300 Personen mit frisch zubereiteten Köstlich-

keiten verwöhnen kann. Alle Räume sind stimmungsvoll mit alten Gerätschaften und einzelnen, schmucken Möbelstücken dekoriert und schaffen das adäquate Ambiente für ausgelassenes Feiern. Geblieben ist aber, dass in der Weinstube nur ausgeschenkt wird, was das Weingut hergibt. Die bei der Jugend so beliebten Softdrinks werden kurzerhand durch die Eigenproduktion „Cooler" ersetzt, der mit und ohne Alkohol zu haben ist: ein auf Traubensaft basierender, mit Limonen verfeinerter, sprudelnder Durstlöscher. Natürlich spielt der Wein nach wie vor die Hauptrolle: Wie in alter Zeit werden die Trauben beim Wimmern, so nennt man die Lese hier, einzeln von Hand sortiert und geschnitten. Nach der Maische keltert eine hochmoderne Presse alle Trauben schonend, damit die Kerne der Trauben nicht verletzt werden und keine ungewollten Bitterstoffe freigeben. Die Lagerung im Holzfass schließlich gibt vielen Weinen die gewünschte feine Tannin-Note. Über die Jahre haben sich bei den Schmids mehrere erfolgreiche Linien heraus-

WEINGUT TOBIAS SCHMID & SOHN

gebildet, die sowohl dem Erbe als auch dem Zeitgeist geschuldet sind. Da wäre zum einen der Traditionswein: erdig und ehrlich wie vor 80 Jahren. Ein Wein, der zu den ersten Flaschenweinen der Schweiz zählt und immer noch mit dem gleichen Etikett vertrieben wird. Ein treuer Kundenstamm schwört auf diesen Klassiker. Dann gibt es die sehr beliebten Weine der St.-Gall-Reihe: Spitzenqualität mit teilweise wenig Ertrag im Steillagen-Weinberg. Vom leichten, spritzigen Weißwein bis zum schweren, samtroten Cuvée Rouge ist hier alles zu haben, was der anspruchsvolle Weinfreund sucht. Ein körperreicher Chardonnay, ein fruchtiger Rosé, ein Pinot Noir, der sich mit einem Burgunder messen kann, und natürlich die perfekt komponierten, weißen und roten Marriagen: der „Cuvée Blanc St. Gall" und der „Cuvée Rouge St. Gall". Spezialitätenweine, darunter ein Eiswein, ergänzen dieses anspruchsvolle Angebot.

Ein mit Restsüße ausgebauter, süffiger Wein von der Rhein-Linie des Weinguts rundet das Angebot ab: ein leichter, lieblicher Begleiter für ein unkompliziertes Vesper, für einen Sommerabend oder für das Viertel in geselliger Runde.
Holzfässer, die für die Weinherstellung nicht mehr benutzt werden, werden bei Tobias Schmid und Sohn noch lange nicht ausrangiert: Jahrelang dienen sie als Lagergefäße für den selbst gebrannten Schnaps. In vier imposanten Kupfertanks destilliert Peter Schmid seine überregional geschätzten und mehrfach ausgezeichneten Obstbrände, die mit Quellwasser aus der eigenen Quelle ebenfalls die harmonische Grundlage für diverse, teilweise in Eichenfässern gereifte Liköre sind.
Viel Handarbeit und überliefertes Wissen, gepaart mit den stets neuesten technologischen Erkenntnissen und ein offenes Haus für Gäste aus aller Welt haben das Weingut Tobias Schmid und Sohn durch die letzten, bewegten fast 150 Jahre gebracht – sie bilden auch den soliden Grundstein für eine erfolgreiche Zukunft.

Winzernudeln aus der schweren gusseisernen Pfanne

(für 1 Person)

Zutaten

Speckwürfel
Knoblauch, fein geschnitten
40 g Zwiebeln
40 g Lauch
80 g Rüebli, in 2 mm dicke Scheiben geschnitten
Weißwein
Butter oder Schmalz zum Braten
1/4 Wurst, am besten eine grobe Bauernwurst
Marc oder Branntwein
Nach Belieben eine Handvoll fein gewürfelte Kartoffel und weiteres, klein geschnittenes Gemüse
100 g Nudeln, bissfest vorgekocht, am besten eigenen sich grobe Muscheln oder Gnocchi
Aromat, Knoblauchpulver, Kräuter
Salz und Pfeffer

Zubereitung

Pfanne mit Holz oder Gas gut vorwärmen, dann aussalzen und ausreiben. Danach Butter oder Schmalz darin zergehen lassen, gegebenenfalls etwas Sonnenblumenöl dazu geben. Speckwürfel und fein geschnittenen Knoblauch in die Pfanne geben. Nach Belieben können jetzt schon kleine Kartoffelwürfelchen mitgebraten werden. Anschließend Zwiebeln und Lauch in der Pfanne anrösten: Am besten übernehmen diesen Schritt die Gäste, denn der betörende Duft steigert die Vorfreude aufs Essen. Danach Rüebli, falls gewünscht, weiteres Gemüse in die Pfanne geben, kurz mitbraten und alles mit Weißwein ablöschen.
In einer separaten Pfanne die in Scheiben geschnittene Wurst erwärmen und mit Marc flambieren. Alternativ kann man die Wurst auch im Branntwein ziehen lassen. Nun alles zusammen durchrühren und leicht salzen. Die vorgekochten, noch bissfesten Teigwaren in die Pfanne geben und gut umrühren, die Wärmezufuhr drosseln. Die fast fertigen Winzernudeln abschließend mit Aromat, Pfeffer, Knoblauchpulver und Kräutern würzen und abschmecken.

ZÜRICHSEE UND LINTHEBENE

Die Region Zürich einmal ganz anders

Weitgezogene Ebenen und eine sanft hügelige Landschaft vor der idyllischen Kulisse der Berge – vor den Toren der Metropole Zürich gibt es viel zu entdecken. Ausflüge mit Fahrrad oder Inlineskates entlang des Linthkanals, der Anfang des 19. Jahrhunderts gebaut wurde, um den regelmäßigen Überschwemmungen und der daraus folgenden wirtschaftlichen Not in der Linthebene Herr zu werden, gehören heute zu beliebten Freizeitbeschäftigungen. Hier müssen – für die Schweiz doch ungewöhnlich – endlich einmal keine Hügel und Berge erklommen werden. Aber auch das Kaltbrunner Ried zwischen Uznach und Benken ist zu jeder Jahreszeit einen Ausflug wert. Zu bewundern sind hier die Reste des früher sehr viel weiter ausgedehnten Feuchtgebietes mit einer unglaublichen Vielfalt an seltenen Tier- und Pflanzenarten. Ornithologen haben hier 150 Vogelarten gezählt, und selbst der Storch ist mittlerweile in Uznach wieder heimisch. Im oberen Bereich des Zürichsees befinden sich außerdem die beiden Inseln Lützelau und Ufenau. Die kleinere Insel Lützelau kann nur mit einem Boot erreicht werden, bietet aber einen Campingplatz, mehrere Feuerstellen und einige sehr idyllische Badeplätze. Die größere Insel Ufenau – bekannt vor allem als Asyl des Humanisten Ulrich von Hutten – gehört zum Kloster Einsiedeln. Bei einem Rundgang kann man die Kirche St. Peter und Paul bewundern, die eine archäologische Fundstelle eines galloromischen Tempels aus dem 2./3. Jahrhundert aufweist. Da das Kursschiff der „Zürichsee Schifffahrtsgesellschaft" an der Ufenau anlegt, lässt sich der Besuch der Insel mühelos mit einer erholsamen Seerundfahrt verbinden. Eine Perle am Zürichsee ist die kleine Stadt Rapperswil, die vor allem mit ihrer traumhaften Lage auf einer Halbinsel und einer sehr schmucken Altstadt punktet. Dominiert wird der Ort vom Schloss, das auf dem Burgberg über der Stadt thront. Auch wenn im Sommer beim Kloster auf der „Schanz" mehr als 1000 Rosenstöcke mit betörendem Duft blühen, wird Rapperswil doch eigentlich wegen seines Stadtwappens Rosenstadt genannt: Das Adelsgeschlecht der Rapperswiler zeigte früher in seinem Wappen drei Rosen, eine Rose aber wurde im 12. Jahrhundert als Mitgift zusammen mit Uznach an einen Toggenburger gegeben, weshalb Rapperswil heute zwei Rosen, Uznach eine Rose im Wappen führt.

LANDGASTHOF FROHE AUSSICHT

Landgasthof Frohe Aussicht
Inhaber: Anna und Martin Kessler

CH-8730 Uznach
Telefon 00 41 (0) 55 / 2 80 23 71
Telefax 00 41 (0) 55 / 2 80 24 86

www.aussicht.ch

Der Wirt des Landgasthofs Frohe Aussicht in Uznach, Martin Kessler, ist Musiker und Metzger oder vielmehr Metzger und Musiker – aber auf alle Fälle mit Leib und Seele Gastwirt. Er hat den Betrieb von seinen Eltern übernommen, die eine sehr kleine Gaststube neben ihrer Landwirtschaft betrieben. Nach

mehreren Umbauten ist das Restaurant mit den Jahren immer größer geworden und die Landwirtschaft wurde schließlich aufgegeben. Ein bisschen von der bäuerlich autarken Lebensweise steckt aber noch in Martin Kessler, denn fast alles wird im Landgasthof Frohe Aussicht heute wie in früheren Zeiten selbst gemacht. Immer noch betreibt die Familie einen Gemüsegarten, immer noch gibt es zahlreiche Obstbaumwiesen, das Brot wird – genauso wie der Kuchen – ebenfalls selbst gebacken, Nachtischkreationen gibt es vom hauseigenen Glacé, und um dem die Spitze aufzusetzen, betreibt Martin Kessler eine kleine Hausmetzgerei. Jedes Stück Fleisch und jede Wurst geht durch seine erfahrenen Hände. Und auch die Produkte all der anderen arbeitsintensiven „Hobbys" landen auf Tellern oder – wie im Fall des eigenen Mosts – in den Gläsern der Gastwirtschaft. Die Hausmetzgerei, so erklärt es Martin Kessler, birgt gleich mehrere Vorteile: Mit dem geschulten Metzgerblick kann er die

besten Stücke für seine Küche parieren und zurechtschneiden, seine Würste werden nach unverwechselbaren Hausrezepten hergestellt und nicht zuletzt kann er seinen Gästen das beste Fleisch zu vergleichbar günstigen Preisen abgeben, da der Zwischenhandel wegfällt. So ist die Frohe Aussicht in Uznach vor allem für ihre vielfältigen Fleischgerichte berühmt. Das hierzulande sehr beliebte Fondue Chinoise gehört deshalb ebenso zu den Klassikern wie ein fachgerecht auf den Punkt gebratenes Rindsfilet. Neben der saisonalen Karte gibt es täglich fünf Menüs zusätzlich zu einem liebevoll komponierten Monatsmenü – und selbstverständlich kommen auch Vegetarier voll auf ihre Kosten.
Die solide, ehrliche Küche ist sicher ein Markenzeichen der Frohen Aussicht, der traumhafte Blick von erhobener Lage hinunter in die malerische Linthebene bestimmt ein anderes. Ein wirklich unverwechselbares Original ist der Wirt selbst, der zweimal im Monat zusammen mit seinen Musikerfreunden der „Schwyzerörgeliformation Kessler-Weber" zur Unterhaltung seiner Gäste auf der Ziehharmonika spielt. Damit aus der Livemusik ein zünftiger Liederabend wird, liegen Liederhefte für die Gäste aus, die auch wenig textsicheren Freunden der Volksmusik das Mitsingen ermöglichen sollen.

Den herzlichen Service des Restaurants und die Organisation der 30 Hotelzimmer hat routiniert und zuvorkommend Martin Kesslers Frau Anni in der Hand. Sie ist im Gastgewerbe aufgewachsen und fühlt sich am wohlsten, wenn viele zufriedene Gäste da sind. Mit Restaurant, Stube und dem neu ausgebauten großen Wintergarten mit 130 Plätzen ist die Frohe Aussicht bestens gerüstet, um Bankette in jeder Größe zu bewirten. Da die Frohe Aussicht jeden Tag der Woche geöffnet hat und das Ehepaar Kessler seinen Gästen viele Köstlichkeiten in arbeitsintensiver Handarbeit herstellt, bleibt eigentlich nur die Frage, ob die Wirtsleute selbst überhaupt Freizeit haben. „Wir machen einfach gerne, was wir tun, und haben deshalb eigentlich immer Freizeit", ist die spontane Antwort von Martin Kessler. Schön, wenn die Arbeit zum Wohl der Gäste so zufrieden macht!

METZGEREI BETSCHART

Drei kleine Söhne hat der Metzger Franz Betschart, und jeder hat schon seine Lieblingswurst: Tobias liebt Cervelat, Adrian Schweinsbratwurst und Felix steht auf den imposanten Seeräuber-Schüblig. Da alle drei Buben ihre Eltern häufig in einem der Betriebe in Eschenbach oder Schmerikon besuchen, kennen sie natürlich das große Sortiment, das die Metzgerei Betschart für ihre Kunden bereithält: Brühwürste, Rohwürste, verschiedene Schinkenarten und Trockenfleisch – alles wird bei Betschart selbst hergestellt. Hier findet jeder etwas nach seinem Gusto.

Franz Betschart hat vor 13 Jahren nach Lehr- und Wanderjahren seine Metzgerei in Eschenbach eröffnet, seit zwei Jahren ist er dort in einem neuen, sehr modernen Ladenlokal zu finden. Die Filiale in Schmerikon hat er vor drei Jahren übernommen, da der dortige Metzger keinen Nachfolger hatte. Franz Betschart liebt seinen Beruf und geht darin auf, sich neue, schmackhafte Kreationen für seine Kunden auszudenken, wie beispielsweise den phosphatfreien Aubrigschinken. Dieser aromatische, saftig dunkel geräucherte Schinken wurde bei einem Mitarbeiterausflug auf den Aubrig zwischen Sihltal und Wägital getauft und hat mittlerweile schon eine Goldmedaille eingeheimst. Er war schon nach kurzer Zeit nicht mehr aus dem Sortiment wegzudenken und ist heute wegen seines natürlichen Geschmacks ein Liebling vieler Kunden. Oder der Dürrwälder Rohschinken – er hat seinen Namen ebenfalls Betscharts regionaler Verbundenheit zu verdanken: Auserlesenes, regionales Fleisch wird gewürzt und gesalzen und dann im Kaltrauch vorsichtig geräuchert. Heute sind eigentlich nur noch die Dürrwaldhexen, eine regionale Fastnachtsgruppe, ein Begriff; von alters her war ein Dürrwäldler aber einer, der durch die Wälder zwischen Ricken und Obersee streifte – und garantiert viel für einen solchen Schinken gegeben hätte!

Metzgerei Betschart
Franz und Ruth Betschart

Rickenstrasse 10
CH-8733 Eschenbach

Telefon 00 41 (0) 55 / 2 82 48 48
Telefax 00 41 (0) 55 / 2 82 48 49

Hauptstrasse 11
CH-8716 Schmerikon

Telefon 00 41 (0) 55 / 2 82 13 07
Telefax 00 41 (0) 55 / 2 82 54 37
www.metzgerei-betschart.com

Bei der „Täli Marie“ – sie kocht wie früher auf einem Holzherd – hängt wie in alter Zeit das „Schwinigs“ der Metzgerei Betschart für etwa eine Woche im Rauch. Dann haben Speck, Schinken oder Coppa die kräftige Rauchnote, für die Betscharts „Täli-Marie-Schwinigs“-Spezialitäten so bekannt sind. Viele weitere Köstlichkeiten werden bei Betschart professionell in der Metzgerei geräuchert und dort mit fein dosiertem Rauch veredelt. Neu im Sortiment sind auch schweinefleischfreie Produkte, wie die Kalbfleisch-Stumpen oder der Kalbfleisch-Käse. Hinzu kommen saisonale Spezialitäten wie Bärlauch-Steaks oder Bärlauchwürste und natürlich das große Programm an fachmännisch pariertem Fleisch und klassischen Charcuterie-Produkten. Die Metzgerei Betschart bietet außerdem einen kalten und warmen Partyservice für bis zu 200 Personen und die im Sommer so beliebten Grillkurse an. Wer einmal einem Schweizer beim „Grillieren“ zugeschaut hat, lernt schnell, dass das Barbecue hier eine Wissenschaft für sich ist. Franz Betschart gibt die Devise „Sanfte Glut statt Feuer und Flamme“ aus und lehrt bei den gefragten, geselligen Kursabenden, dass ein fachgerechtes Stück Fleisch auf dem Grill vor allem Zeit und Beobachtung braucht. Imposante Schweins-Rakes von bis zu eineinhalb Kilo verwandeln sich bei niedriger Temperatur zu einem Stück butterzartem Braten – auf dem Grill wohlgemerkt!

Probieren sollte man auf alle Fälle das ungewöhnliche Winzer Fondue. Mit der von der Metzgerei Betschart zusammengestellten Fleischplatte aus Pouletbrüstli in Würfeln, kleinen, dünnen Rinds- oder Kalbshuftschnitzeln, Lamm-Entrecôte-Würfeln, hauchdünn geschnittenen Schweinefiletschnitzeln, Hackfleischkügeli, Kalbsnierli, Kalbsleberli, Truthahnwürfeln und mehr ist Franz Betschart eine originelle Neuinterpretation des in der Schweiz so beliebten Fondue Chinoise gelungen.

Winzer Fondue

Zutaten

800–1000 g gemischtes, eigens fürs Fondue in hauchdünne Scheiben oder kleine Würfel geschnittenes Fleisch
800 ml Hühnerbouillon
400 ml schwerer Rotwein
gemischtes Gemüse, in sehr dünne Streifen geschnitten
verschiedene Kräuter
Fondue-Pfanne

Zubereitung

Aus Bouillon, Wein, Gemüse und Kräutern einen Sud herstellen, der während der ganzen Mahlzeit auf dem Rechaud leicht köcheln sollte. Die Fleischstücke werden auf Gabeln aufgespießt und am Tisch in der Brühe gegart. Dazu passen Baguette, verschiedene Salate und Fondue-Saucen.

TSCHIRKY

Seit 1895 steht der Name Tschirky am Zürichsee für beste Backkunst und höchste Konditoren Qualität. Damals kaufte der Urgroßvater des heutigen Besitzers Karl Tschirky das Restaurant Kreuz mit Bäckerei-Konditorei in Schmerikon. Heute wie damals ist das Geschäft über die Kantonsgrenzen hinaus für seine stets frischen Produkte und wegen seiner großen Auswahl an Backwaren, Patisserie, Pralinen und kleinen Geschenkartikeln bekannt. So bietet Karl Tschirky seiner Kundschaft alleine 30 verschiedene Brotsorten an – die meisten hat er selbst entwickelt oder bewährte Rezepte von seinem Vater übernommen. Seit Neuestem ist das traditionelle Pain Paillasse ein Lieblingsbrot seiner Kundschaft. Tschirky verfeinert das langsam gegangene Brot mal mit Oliven, mal mit Kürbis. Wegen seines unverwechselbaren Geschmacks und seiner langen Haltbarkeit ist es in allen Varianten beliebt.
Mit Silvan Tschirky steht bereits die künftige fünfte Generation für das Geschäft bereit: Er hat mit seinem ersten Platz bei der Schweizer Junioren Meisterschaft der Konditoren-Confiseure und dem vierten Platz an der Junioren Weltmeisterschaft gezeigt, dass ihm das Handwerk ebenfalls im Blut liegt. Familienunternehmen heißt bei den Tschirkys, dass wirklich fast die ganze Familie mitarbeitet und jeder nach seinem Talent dafür sorgt, dass der Laden läuft. So hilft die Seniorchefin ganz selbstverständlich noch im Café, auch wenn sie das Rentenalter schon lange erreicht hat, und Karl Tschirkys

Tschirky
Café-Confiserie – Bäckerei-Konditorei

Hauptstrasse
CH-8716 Schmerikon

Telefon 00 41 (0) 55 / 2 82 12 38
Telefax 00 41 (0) 55 / 2 82 47 38
www.baeckerei-tschirky.ch

Schwester, Anni Mock-Tschirky, managt mit ihrer freundlichen und umtriebigen Art das Café, die Küche und die ideenreiche Geschenke-Nische im Laden. Karl Tschirky erzählt, dass ein Familienbetrieb natürlich noch andere Vorteile hat, zum Beispiel für erste und ernstzunehmende Kritik: Erst wenn alle Familienmitglieder eine neue Kreation für gut befinden, kann er sicher sein, dass auch seine Kundschaft das neue Produkt mögen wird.
In der hauseigenen Konditorei haben sich die Waren in den letzten Jahrzehnten wohl am meisten verändert – den modernen Ernährungstrends Rechnung tragend wurden die Produkte hier immer leichter und luftiger: Patisserie-Stücke, Petit Fours, Kuchen und Torten müssen heute genau die Balance treffen zwischen kleiner, sündiger Verführung und lockerer, kunstvoller Eleganz mit vollem Geschmack. Mit über 40 hausgemachten Patisserie-Produkten trifft Karl Tschirky den Gusto seiner Kundschaft – bei seinem großen Angebot ist garantiert für jeden etwas dabei.
In seiner Konditorei zeigt Karl Tschirky auch, dass er ein handwerklicher Könner ist. Nach Kundenwünschen entwerfen er und seine Mitarbeiter kunstvolle Torten, die Motive, Lieblingsfarben und Hobbys des Kunden aufnehmen und interpretieren: Jede Torte für sich ist ein kleines, individuelles Kunstwerk.

Ähnlich aufwendig sind die Confiserie-Artikel, die Karl Tschirky herstellt: Zahlreiche Pralinés und Trüffel entstehen saisonal, wie Sommer- und Champagner-Trüffel. Das „Schmerkner Grüessli“ ist ebenfalls eine süße Erfindung aus dem Hause Tschirky. Die große Leidenschaft des Chefs gilt aber seinen Osterhasen: Jedes Jahr kreiert er für Ostern nicht weniger als 80 Osterhasentypen, wobei immer ein bis zwei neue dabei sind. Auch nächstes Mal wird Karl Tschirky die Kunden, die gerade wegen eines neuen Motivs kommen, wieder überraschen.
Eine Snack-Bar im Ladengeschäft vervollständigt das Angebot zum Wohl der Kundschaft: Eine Vielzahl „Eingeklemmter“ – das ist mit dem Begriff belegtes Brötchen nur sehr unzureichend beschrieben – und eine Auswahl an knackigen Salaten stillen hier den schnellen Hunger.
Über dem Ladengeschäft gibt es noch das schmucke Café mit grandiosem Blick auf den Zürichsee und die Berge: Hier lässt sich bei Kaffee und Kuchen herrlich die Zeit vergessen. Dienstag bis Freitag stehen zudem drei leckere, abwechslungsreiche Mittagsmenüs zur Auswahl – und selbstverständlich wird die angebotene Glacé ebenfalls selbst hergestellt. Ein buntes Publikum aus Familien, Wanderern und Radfahrern, Kaffeeliebhabern und Handwerkern trifft sich hier. Die Seniorchefin, Anna Tschirky, erzählt, dass sie jetzt seit 63 Jahren hier sei und schon nach dem ersten Tag nicht mehr fort wollte – man kann sie gut verstehen.

Auf den Spuren von Heidi und Peter

Heidiland ist keine geographische Region, sondern eine touristische Markenbezeichnung, die das Gebiet zwischen dem westlichen Walensee und Bad Ragaz umschreibt. Johanna Spyri, die aus Hirzel im Kanton Zürich kommt, erholte sich schon vor mehr als 150 Jahren in dieser märchenhaft schönen Gegend und siedelte, von der kontrastreichen Urlaubslandschaft inspiriert, ihre Romanfiguren „Heidi“ und „Geißenpeter“ in dieser Region an. Was vor 150 Jahren eine atemberaubende Naturlandschaft war, ist es auch heute noch und kann sich als vielseitiges Urlaubsparadies sehen lassen; viel von der einstigen Heidi-Idylle hat sich

hier erhalten. Die Vielseitigkeit der Ferienregion zeigt sich an ihrer Natur: In Bad Pfäfers und der wildromantischen Taminaschlucht, der Walsersiedlung im Calfeisental oder beim Besuch einer der vielen Burgen wird Schweizer Vergangenheit lebendig. Im engen Weisstannental oder im autofreien Quinten am Walensee ist die Landschaft noch urwüchsig für Wanderer erlebbar.
Hier und im gesamten Heidiland ist für Jung und Alt sommers wie winters einiges geboten. Dabei haben sich die Heidiland-Verantwortlichen durchaus auch Attraktionen abseits der touristisch ausgetretenen Pfade ausgedacht: Eine geführte Vollmondwanderung am Flumserberg oder eine Fahrt mit der Rössliposcht sind so einmalig wie das „Geißenleasing". Schließlich wurde die Ziege nicht zuletzt durch Johanna Spyris Romane zum Symbol „echter" Heidi-Bergwelt. Beim Leasen einer Geiß unterstützt man pekuniär die Alpwirtschaft und ist gleichzeitig aufgefordert, „seine" Ziege beim Geissler auf der Seenalp zu besuchen oder Käse zum Vorzugspreis einzukaufen – besonders für Kinder ist es ein Erlebnis, die „eigene" Ziege zu treffen, ihr einen Namen zu geben und mit ihr herumzutollen.
Im kleinen St. Galler Dörfchen Vilters werden von Mai bis September heute wieder jeden Morgen 80 Ziegen in die Berge getrieben, um – wie einst beim Geißenpeter – jeden Abend wieder mit ihren Hirten nach

Hause zurückzukehren. Die Tiere bilden einerseits die Kulisse für ein Touristenspektakel und sind andererseits auch wichtiger Teil der Landwirtschaft. In den Kantonen St. Gallen und Graubünden und den angrenzenden Gebieten werden insgesamt 9 000 Ziegen gehalten. Wen wundert es da, dass man das zarte Gizzi-Fleisch im Frühsommer in vielen Rezeptvarianten und Orten probieren kann. Man kann sich des Eindrucks nicht erwehren, dass es in der Region Heidiland subjektiv noch mehr alte Männer gibt, die phänotypisch dem in den Heidi-Romanen beschriebenen „Alm-Öhi" gleichen als andernorts. Sie perfektionieren damit, ob bewusst oder unbewusst, die romantische Kulisse und werden zum beliebten Motiv für einen Urlaubsschnappschuss. Ein Besuch auf einer Alm macht allerdings schnell deutlich, dass Bergmilch heute immer noch sehr arbeitsintensiv gewonnen wird. Die Ferienregion Heidiland hält für Touristen jeden Komfort bereit; etwa Wandertouren, die in gut beschriebenen Etappen auch inklusive Gepäckservice angeboten werden.

Der Reisende genießt beim alpinen Wandern einmalige Ausblicke in die herrliche Naturlandschaft, die ihn mit Übernachtungen etwa von Ziegelbrücke bis Bad Ragaz führt – ohne mühevolles Rucksackschleppen. Die Übernachtungen in Berghütten oder Berghotels kann außerdem gleich mitgebucht werden. Die streckenweise anspruchsvollen Routen bieten alles, was man sich von der Schweiz erhofft: spektakuläre Ausblicke und einsames Berggenießen. Kommt man abends glücklich und rechtschaffen müde in seinem Zielort an, schmeckt eine fulminante Vesperplatte mit Bündner Rohschinken, den diversen geräucherten Wurstspezialitäten und einem rezenten Almkäse noch einmal so gut!

Nicht von ungefähr wird der Walensee auch „Fjord des Südens" genannt: Hohe Gipfel, tiefe Schluchten, saftig grüne Almen und alte bäuerliche Dörfer, die sich harmonisch in die Landschaft einfügen, sind ein Genuss fürs Auge und verheißen Erholung. Besonders aber für Segler ist der Walensee ein Paradies; denn selbst an den vielen sonnigen Tagen gibt es immer eine kleine Brise: Die sonnenwarmen, steil aufsteigenden Bergflanken der Churfirsten bringen die Luftmassen in Bewegung und bewirken nachmittags die von Segelsportlern geschätzte Walenseethermik von drei bis fünf Windstärken. Der Föhn sorgt zudem für sportliches Segeln während der ganzen Saison.

Und natürlich bietet sich der Walensee mit vielen kleinen, teilweise etwas versteckten Badestellen auch für eine Abkühlung nach einer Wanderung im Sommer an. Da er es selbst nach einem heißen Sommer selten auf mehr als 20 Grad bringt, ist die Erfrischung im tiefblauen Wasser immer garantiert. Für noch etwas ist der Walensee berühmt: Die Schweizer nennen ihn gerne die „Riviera der Ostschweiz", da hier in einem einzigartigen milden, südländischen Klima Pflanzen gedeihen, die sonst lediglich viel südlicher zu finden sind. Hausgemachte Feigenmarmelade wird in vielen kleinen Geschäften verkauft und sogar Zitrusfrüchte und Kiwis wachsen hier.

HOTEL RESTAURANT SEEHOF

Der Seehof in Walenstadt ist das einzige Hotel direkt am Walensee. Der Blick von der Restaurantterrasse ist betörend, das Restaurant einladend und sehr qualitätsbewusst und die topmodernen Hotelzimmer mit jedem Komfort ausgestattet. Ein Ort, der zum Träumen und Verweilen einlädt.

Das liegt auch am familiären Ambiente des Hotels Seehof. Bereits in der vierten Generation sorgt sich die Familie Biasi um das Wohl ihrer Gäste und kann auf eine beachtliche Anzahl Stammgäste bauen. Wer einmal hier war, kommt gerne wieder, denn hier steht noch der Mensch im Vordergrund. So erklärt sich auch, dass viele der Angestellten seit 25 Jahren und länger für den Seehof und seine Gäste arbeiten – in unserer schnelllebigen Zeit und ganz besonders in der Gastronomie eine wirkliche Rarität und ein prima Zeugnis für das idyllisch gelegene Haus.

Der Seehof hat allerdings auch einiges zu bieten. Da ist zum einen das Restaurant, das seine Gäste durchs Jahr mit saisonalen Spezialitäten verwöhnt. Im Jahresreigen von Fastnacht, Spargelzeit, Hochsommer, Wildsaison und Adventszeit gibt es eigene Speisekarten mit kulinarischen Besonderheiten. Wobei die drei Fischwochen nach Aschermittwoch schon ein heimlicher Höhepunkt sind. Selbstverständlich steht im Seehof auch sonst Frischgefangenes von lokalen Fischern

Hotel Restaurant Seehof

Inhaber: Familie Biasi
CH-8880 Walenstadt

Telefon 00 41 (0) 81 / 7 35 12 45
www.seehof-walenstadt.ch

auf der Karte. Was aber in den Fischwochen geboten wird, ist schon außergewöhnlich: von der Hummersuppe mit Rahmhaube über Jakobsmuscheln, marinierten Aal oder Thunfischcarpaccio bis hin zur traditionellen Forelle blau: für Fischliebhaber ein kulinarisches Fest. Ohne Reservierung ist deshalb auch nur schwer ein Plätzchen zu ergattern, denn viele kommen nicht nur einmal!
Heute zeigt sich das Hotel in einem reizvollen Kontrast von alt, etwas neuer und modern. So grenzt der rustikale kleine Saal mit nostalgischer Holztäfelung direkt an die blitzende, moderne Bar.
Die ebenfalls mit Antiquitäten möblierte Stube wird gerne von Firmen für Meetings genutzt, denn von der Flipchart bis hin zum kabellosen Internetzugang ist alles da. Und der große Saal mit Bühne und Klavier bietet Familienfeiern genügend Raum für kleine Aufführungen. Alle Räume sind mit liebevoll ausgewählten, stimmigen Details dekoriert, sodass trotz wechselnder Baustile ein harmonisches Ganzes entsteht, in dem sich jeder Gast zu Hause fühlen kann. Auch der aktuelle Komplettumbau der Hotelzimmer orientiert sich am Wohl der Gäste: Die Räume sollen noch lichter und komfortabler werden. Dabei ist der Seeblick, den man von den meisten Zimmern hat, für sich allein schon so berauschend, dass es für die geschmackvoll ausgewählte Einrichtung schwer werden wird, die Aufmerksamkeit des Gastes auf sich zu ziehen. Marco Biasi ist Hotelier mit Leidenschaft: Er vermittelt, wenn das gewünscht ist, geführte Outdooraktivitäten, organisiert ein Segelboot und verleiht, wenn keines zu haben ist, auch schon mal sein eigenes Motorboot. Die nahen Churfirsten bieten Wanderrouten für jedes Niveau in malerischer Umgebung und zum Skialpin lockt das große Skigebiet am Flumserberg. Im Sommer findet das beliebte und weit über die Region bekannte Heidi-Musical auf der Seebühne circa 300 Meter vom Seehof entfernt statt. Ein Grund mehr, dem Seehof mit seinen individuellen Arrangements, der erlesenen Weinkarte und seiner exquisiten Speisekarte einen Besuch abzustatten – für einen Kurzurlaub übers Wochenende, um ein paar Tage Auszeit zu nehmen oder einfach nur für einen herrlich entspannten Abend.

Steinbutt mit Baumnusskruste

Zutaten

4 Steinbuttfilets à ca. 120 g
30 g Baumnüsse (Walnüsse)
30 g Paniermehl
10 g Knoblauch
30 g Schalotten
30 g Baumnuss-Oel
30 g Butter
etwas Mehl
Salz und Pfeffer

Zubereitung

Baumnüsse und Paniermehl im Mörser fein zerstoßen. Schalotten und Knoblauch fein hacken. Dann die Butter und das Baumnuss-Öl in einer Pfanne erwärmen und Zwiebeln mit Knoblauch leicht darin andünsten. Das Paniermehl mit den zerstoßenen Baumnüssen dazumischen, sehr kurz mitrösten und dann zur Seite stellen. Steinbutt würzen und leicht mehlen. Beidseitig leicht anbraten und auf 4 Teller verteilt anrichten.
Mit der Baumnusspaste bestreichen und im Ofen bei 250 Grad Oberhitze kurz überbacken, bis die Kruste Farbe hat.

SAGIBEIZ

Sagibeiz

Inhaber: Dieter von Ziegler

Direkt am Walensee
CH-8877 Murg

Telefon 00 41 (0) 81 / 7 10 30 60
Telefax 00 41 (0) 81 / 7 10 30 62

Lofthotel

Alte Spinnerei
CH-8877 Murg

Telefon 00 41 (0) 81 / 7 20 35 75
www.lofthotel.ch

Fabrikbeizen in umgestalteten Gewerberäumen gibt es viele, aber selten liegen Fabriken derart prädestiniert für eine spätere Nutzung wie die Sagibeiz in Murg. Direkt am Walensee mit herrlichem Blick auf die Churfirsten wäre es fast eine Sünde gewesen, die Örtlichkeit nicht so umzudeuten, wie das Esther und Dieter von Ziegler mit ihrer Sagibeiz geglückt ist. Das Innere spielt mit dem Kontrast von warmem Holz und kühlem Stahl, der an die industrielle Vergangenheit der alten Sägerei erinnert. Und das Ambiente ist gleichzeitig unkompliziert heimelig und stilvoll. Hier kann man heimische und internationale Köstlichkeiten entdecken, eine Kleinigkeit essen, ein ganzes Menü genießen, auf einen Drink an der Bar vorbeikommen oder aber mit Kind und Kegel einen schönen Ausflug beschließen: die Sagibeiz ist für alles eingerichtet und hält für jeden das passende Angebot bereit. Jeden Tag gibt es neben der saisonal bestimmten Karte ein Tagesangebot, das sich großer Beliebtheit erfreut.
Und da die kleine Halbinsel Murg eine eigene Autobahnausfahrt hat, ist die Sagibeiz auch für eine Rast auf dem Weg nach Zürich oder Chur mittlerweile kein Geheimtipp mehr.
Im Winter lockt zusätzlich das heimelig wärmende Cheminée und im Sommer der ungekünstelte Sagisteg mit seinem großen Angebot, auch für Sportbegeisterte.
Unter Trauerweiden und Platanen kann man am Sagisteg – auch im Neoprenanzug, direkt vom See kommend – eine kleine Köstlichkeit genießen oder sich einfach nur ein Plätzchen zum Träumen und Verweilen suchen. Ein Gartenrestaurant mit angrenzenden Bademöglichkeiten und Wassersportcenter für Windsurfer, Kajakfahrer und andere ist sicher einmalig. Entsprechend gemischt ist auch das Publikum der Sagibeiz und des Sagistegs. Hier fühlen sich ältere Semester, die von der gehobenen, ambitionierten Küche und der exquisiten Weinkarte sowie der Vinothek angelockt werden, genauso wohl wie sportbegeisterte Jugendliche oder Familien, die die unkomplizierte Freundlichkeit schätzen.

Die Sagibeiz hat sich auch zum kulturellen Mittelpunkt der Region linkes Walenseeufer gemausert: Jeden ersten Donnerstag im Monat gibt es ein kleines kulturelles Highlight in der Sagibeiz – mal musikalisch, mal komödiantisch, mal frech. Und die Sagisteg Sommerpartys, die immer ein eigenes Motto haben, sind mittlerweile so beliebt, dass der Sagisteg ab 30 Personen auch im Winter seine Tore öffnet und ein wärmendes Feuer für seine Gäste entzündet. Und das alles, obwohl zunächst nur Sommerbetrieb geplant war...
Die ersten aktuellen Umbau- und Erweiterungsphasen tragen dem großen Erfolg Rechnung: Künftig soll die Bar für bis zu 20 Personen auch als diskretes Nebenzimmer dienen. Ein ganz neues Unternehmen des Sagi-Teams ist das Lofthotel. Die industrielle Vergangenheit der alten Spinnerei gepaart mit modernem Design haben ein einmaliges Hotelkonzept ermöglicht: Großzügige, lichte Räume und eigens entworfene Möbel sind eine Wohltat fürs Auge. Durchdachte Details wie zum Beispiel eine extra Stellfläche für Velos oder Töffs in den ebenerdigen Bikerzimmern zeigen, mit wie viel Lust und spritzigen Ideen an dieses eigenständige Konzept herangegangen wurde, um dem Anspruch eines wahren Lofthotels gerecht zu werden.

Hausrezept Sagibeiz-Mangotorte

(für 1 Torte)

Zutaten

330 g Mangopüree
200 g Zucker
330 g Rahmquark
300 ml Vollrahm
50 g Eiweiß
60 g Eigelb
5 Blatt Gelatine
1 Tortenboden

Zubereitung

Zunächst den Rahm schlagen und kühl stellen. Dann das Eiweiß steif schlagen und ebenfalls kühl stellen. Zucker, Eigelb, Quark und Mangopüree miteinander vermischen. Anschließend die Gelatine im Wasserbad auflösen und in die Masse geben. Das Eiweiß vorsichtig unter die Masse ziehen und zum Schluss den Rahm dazugeben. Auf den Tortenboden in eine Springform abfüllen, abdecken und 12 Stunden kühlen.

WEINBAU FELIX & EUGEN BÄRTSCH

Mels hat seit Jahrhunderten eine Weinbautradition – Böden, Lage, Klima und das über die Generationen erarbeitete Fachwissen sind Garant für kräftige und vollmundige Weine, die sich mit den besten Tropfen der Schweiz messen dürfen.
So betreiben Felix und Eugen Bärtsch bereits in der dritten Generation die gleichnamige Weinkellerei und Brennerei. Neben dem Import und dem Handel mit in- und ausländischen Weinen ist ihnen die Pflege der regionalen Weine eine Herzensangelegenheit. Da Mels ein durch den Föhn begünstigtes Klima hat und die Gebrüder Bärtsch nebst den eigenen Trauben nur die einer Handvoll erfahrener Weinbauern verwenden, dürfen sie jedes Jahr auf eine Ernte von bester Qualität zählen. Und einen Riecher für guten Wein haben die beiden allemal.
Ein Teil der Trauben stammt vom Nidberg. Der historisch interessante und in einer wechselhaften Geschichte immer wieder umkämpfte Nidberg eignet sich wie kaum ein anderer für den Weinbau, sind doch die steilen Hänge weitestgehend vom Westwind geschützt. „In einem Kranz von grünen Reben Wächst des Landes bester Wein, Seh'n Nidberg wir die Krone heben Romantisch, schön im Sonnenschein." So besang einst Bernold, der „Barde von Riva", den Nidberg. Seit dem 14. Jahrhundert wird am Nidberg Wein angebaut, seit 1985 von den Gebrüdern Felix und Eugen Bärtsch. Sie haben die steile Hanglage terrassiert und mit Pinot-Noir-Reben neu bepflanzt. Mit viel Sachverstand und Liebe zu dieser einmaligen heimatlichen Lage keltern sie den vollmundigen Rotwein mit intensiven Fruchtaromen.
Die beiden engagierten Brüder sind aber auch mit Cuvées sehr erfolgreich – in der idealen Assemblage verschiedener Trauben liegt die eigentliche Kunst eines Kellermeisters: Die verschiedenen Traubensorten müssen sich ergänzen und jeweils ihre besten Noten an den fertigen Wein weitergeben. Hier braucht der Chef de cave viel Fingerspitzengefühl und Herzblut für das fertige Produkt. Passend, dass der beliebte Bärtsch-„Cuvée Corason" frei übersetzt „aus dem Herzen" heißt. Merlot und Cabernet Sauvignon werden für den Corason bei optimalem Reifegrad gelesen, vinifiziert und nach einer mindestens zwölfmonatigen Reifezeit mit im Barrique ausgebautem Pinot Noir

Weinbau Felix & Eugen Bärtsch
Inhaber: Felix und Eugen Bärtsch

Grofstrasse 11
CH-8887 Mels

Telefon 00 41 (0) 81 / 7 23 10 33
Telefax 00 41 (0) 81 / 7 23 67 33
www.baertsch-weine.ch

verfeinert. Ein Wein mit kirschroter Farbe, edlen Gewürz- und Röstaromen und einer dezenten Cassisnote ist das beim Publikum sehr geschätzte Ergebnis. Nebst dem Corason fällt noch ein einheimischer Wein mit dem klingenden Namen „Sansara“ auf. Sansara bedeutet „die weltlichen Genüsse“ und der im Barrique ausgebaute Pinot Noir ist wirklich ein Genuss.

Die Liebe zum Wein und zu ihrer Heimat hat die Gebrüder Bärtsch noch ein ganz anderes Experiment wagen lassen: „Tre Talenti“ heißt der Wein, der eine kantonübergreifende Marriage aus drei Weinen ist. Die Idee war es, den jeweils besten Wein der bekannten Schweizer Anbaugebiete Wallis, Tessin und St. Gallen zu nutzen und einen Wein zu kreieren, der die Schweiz als Ganzes repräsentiert. Eugen Bärtsch hat mit den beiden anderen Winzern Mathier und Tamborini beim Cuvieren viel probiert, verworfen und schließlich nach akribischem Arbeiten die

Komposition gefunden, in der die drei den Schweizer Wein schlechthin sehen: Der St. Galler Pinot Noir gibt dem Tre Talenti Kraft und Energie, der Merlot aus dem Tessin die Sonne und Leichtigkeit, seine Weichheit und feine Fruchtigkeit schenkt ihm der Walliser Cornalin.

Selbstverständlich hält die Weinkellerei Bärtsch viele Weine bereit und kann aus einem breiten Angebot eigener Produkte für jeden Geldbeutel und für jedes Menü den passenden Tropfen empfehlen. Jedes festliche Essen abschließen sollte aber auf alle Fälle ein Gonzen-Güggs. Was für hochdeutsche Zungen schon nüchtern schwer zu sprechen ist, schmeckt garantiert jedem, der einen guten Digestif schätzt. Übrigens: „Gonzen“ ist der Hausberg von Mels und „Güggs“ das Mundartwort für einen kleinen Schluck. Eine Spezialität, die im wahrsten Sinne des Wortes das Beste der Traube destilliert.

WIRTSHAUS LÖWEN

Wirtshaus Löwen
Inhaber: Rosa und Andreas Ilmer-Walser

Löwenstrasse 5
CH-7310 Bad Ragaz

Telefon 00 41 (0) 81 / 3 02 13 06
Telefax 00 41 (0) 81 / 3 30 72 01
www.loewen.biz

Genau an dem Ort, an dem früher das Zollhaus der Zollbrücke über die Tamina stand, dem damals einzigen Zugang zu Graubünden, steht das geschichtsträchtige Wirtshaus Löwen in Bad Ragaz. Viel Fantasie braucht man nicht, um sich Reisende in früheren Zeiten vorzustellen, wie sie sich vor der beschwerlichen Weiterfahrt hier noch etwas stärkten. Auch heute ist der Löwen bei Einheimischen und Fremden ein beliebtes Ziel für eine genussvolle Verschnaufpause vom Alltag. Im Inneren ist immer noch etwas vom Geist vergangener Zeiten zu spüren, denn mit viel Gefühl für die alte Bausubstanz wurden die vermeintlichen Verbesserungen der letzten 50 Jahre von den Wirtsleuten Ilmer entfernt und viel vom ursprünglichen Charme wieder hergestellt. Heute zeigt sich der Löwen in einem stimmigen Gesamtbild: Rund getretene Tonfliesen, alte Balken und eine liebevolle Dekoration geben jedem Gast das behagliche Gefühl traditioneller Gastlichkeit.

Rosa und Andreas Ilmers ausgemachtes Ziel ist es nicht, das Gastgewerbe neu zu erfinden, nein, vielmehr wollen sie die Bedürfnisse ihrer Gäste immer wieder neu in den Mittelpunkt stellen: Wünsche sollen im Idealfall erfüllt sein, bevor sie ausgesprochen oder auch nur wahrgenommen werden.

Ein Blick in das Beizli, die gemütliche Gaststube mit Kachelofen, zeigt, dass dieser Service von Alt und Jung gerne angenommen wird: Hier sitzen zwei alte Damen mit Hund und spielen temperamentvoll Karten bei einem Gläschen Wein, dort sind zwei arrivierte Geschäftsleute über ein Dokument vertieft, hier tafelt noch ein verliebtes Pär-

chen und am Nebentisch studiert eine junge Familie gerade die Speisekarte. Heiter und freundlich, gelassen und heimelig ist die Atmosphäre. Andreas Ilmer betont, dass seine Küche sich hauptsächlich an dem orientiert, was seine Gäste gerne essen. Saisonale und regionale Köstlichkeiten stehen hier harmonisch neben internationalen Klassikern, die mal frech abgewandelt oder neu interpretiert meist schnell einen Stammplatz in der Karte finden – und selbst dann noch nachgefragt werden, wenn es längst eine neue Karte gibt. Frische Leberli oder die Bouillabaisse, von der so viele gerne das gehütete Rezept hätten, sind die ausgemachten Lieblinge der teilweise weit gereisten Gästeschar, aber auch im Ganzen gebratene Meeresfische sind – sofern verfügbar – eine Spezialität des Hauses. Lachend erzählt das Ehepaar Ilmer, dass das eigentliche Geheimnis seiner Küche in der bedingungslosen Qualität der Zutaten liegt. Jeder Fisch muss frisch sein und die Herkunft jedes Fleischstücks, das im Löwen auf den Teller kommt, ist genau nachvollziehbar: Ein befreundeter Metzger zerlegt das Vieh nach den Vorstellungen des Kochs und lagert das Rindfleisch fachmännisch am Knochen für ihn. Das schmeckt man, noch dazu, weil es sich meist um das Rättische Grauvieh handelt – eine alte, von Pro Specie Rara wieder neu angesiedelte Rasse, die für ihr feinfasriges Fleisch bekannt und für die Haltung in Berggebieten prädestiniert ist.
Mit verschiedenen Räumlichkeiten in unterschiedlicher Größe wird der Löwen auch jedem gesellschaftlichen Ereignis spielend gerecht: Das verträumte Gaschürstübli, die gediegene Löwenstube, der gewölbte Löwenkeller und nicht zuletzt der romantische Löwengarten bieten geschmackvolles Ambiente für viele Anlässe.
Selbstverständlich spielt in einem derart gastlichen Haus auch der Wein eine große Rolle. Nahezu 250 Positionen umfasst die Weinkarte, die edle Tropfen aus nahezu allen großen Anbaugebieten für jeden Geldbeutel und – das ist wirklich selten – auch in verschiedenen Flaschengrößen bereithält. Nicht nur den neuen Promille-Verordnungen, sondern auch der Probierfreude der Gäste kommt man hiermit entgegen.
Etwas anderes ist ebenfalls sicher einmalig im Löwen: Kein Gast muss hier allein speisen. Ein großer gelber Teddybär mit treuen Kugelaugen schenkt jedem, der ohne Begleitung kommt, seine stumme Gesellschaft. Ein Tischgenosse der Extraklasse, der sich in lebhafte Diskussionen verwickeln, es aber nie zum Streit kommen lässt. Bei der fast schon obligatorischen Tischreservation wird der Bär deshalb von vielen Stammgästen gleich mitgebucht!

GASTHOF RÖSSLI

Gasthof Rössli
Doris und Ueli Kellenberger

Freihofweg 3
CH-7310 Bad Ragaz

Telefon 00 41 (0) 81 / 3 02 32 32
Telefax 00 41 (0) 81 / 3 00 42 84
www.roessliragaz.ch

Kompromisslos wurde das traditionsreiche Rössli in Bad Ragaz modernisiert – dunkles Parkett, gediegene Ledersessel an ebenfalls dunkel gebeizten Holztischen geben dem lichten Raum mit bodentiefen Fenstern eine sehr elegante Note. Wenige, stimmige Details wie das zentrale Weinregal oder die ausgesuchte Kunst an den Wänden sprechen die Sprache des Genießens: Im Rössli in Bad Ragaz soll sich der Gast zurücklehnen und nur noch seine Sinne ansprechen lassen. Im Sommer lassen sich die großen Fenster alle zusätzlich als Schiebetüren öffnen und erweitern das Restaurant um die 21 Plätze der Terrasse – im Handumdrehen entsteht ein südliches Flair der unkomplizierten Lebensart und Lebensfreude.
Dazu passt die moderne, unbeschwerte Küche von Ueli Kellenberger. Ihm kommt es darauf an, dass sich seine Gerichte abheben von dem, was anderswo geboten wird. In erster Linie sollen Gaumen, Nase und Augen angesprochen werden. Und wenn man von Randen-Carpaccio mit gebratenem Ziegenkäse und Mandarinenöl, der Petersilienwurzelcreme mit kleinen Scampis oder von Lammrücken mit Periyar-Pfeffer auf Carnaroli Risotto mit karamellisierten Perlzwiebeln und Jus Marocain liest, wird schnell klar, dass hier ein Koch mit viel Kreativität und Lust am Werk ist. Mutig werden Aromen kombiniert und mit Gewürzen gekonnt Akzente gesetzt. Wen wundert es da, dass sein immer erstklassig kombiniertes Feinschmecker-Menue längst kein Geheimtipp mehr ist? Selbstverständlich bietet das Rössli außerdem ein wechselndes Tagesmenü mit Suppe und Salat neben einem pfiffigen Wochenhit und dem sehr beliebten Business-Lunch mit drei Gängen an.

Die vielen Stammgäste, darunter zahlreiche Winzer, schätzen vor allem, dass man im Rössli eine sehr erlesene Weinkarte für die Gäste bereithält. Nahezu 600 Positionen in der Preisklasse von 35 bis 1000 Franken lassen das Herz von Weinfreunden höher schlagen. Die fachkundige Beratung von Doris Kellenberger, die zusammen mit Ueli viele Weine direkt vor Ort bei den Winzern verkostet und für das Rössli auswählt, geben dem Gast schnell das heimelige Gefühl, gut aufgehoben zu sein. Denn dass der Zauber immer im Detail liegt, weiß Doris Kellenberger: Sie lässt es sich nicht nehmen und schreibt alle Speisekarten in kalligraphischer Schönschrift einzeln per Hand – da ist es fast schade, dass es im saisonalen Wechsel neue gibt.

Ebenso erlesen und raffiniert sollen die 19 Doppelzimmer des Hotels werden, das Ueli und Doris Kellenberger parallel zum Restaurant führen. Mit viel Geschmack und Sinn für stimmiges Design werden derzeit alle Zimmer grundlegend renoviert und modernisiert. Das Niveau des Hotels soll endlich an die hohe Vorgabe des Restaurants anschließen und beim Gast keine Wünsche mehr offen lassen. Die verschiedenen Arrangements, die das Rössli anbietet – vom Cooldown für Manager bis hin zur kompletten Woche Badespass im nahen Thermalbad für die ganze Familie – sind schon heute sehr beliebt. Klar, dass sich bei diesem Service Jung und Alt wohlfühlen und das Publikum von Kurgästen in den besten Jahren bis zu sportbegeisterten jungen Erwachsenen reicht. Denn Stil und guter Geschmack kennen keine Altersgrenze.

Hochzeit von Perlhuhn und Lamm

(für 10 Personen)

Zutaten

1 kg frisches Lammentrecôte
1,2 kg Perlhuhnbrüstchen mit Flügelknochen
40 g frisches Basilikum
200 g Schweinsnetz
wenig Butter
Rosmarinzweige, Würze
Salz und Pfeffer

Zubereitung

Die Perlhuhnbrust vom Flügelknochen und von der Haut befreien. Das Schweinsnetz ausbreiten, Lammentrecôte darauf legen mit Basilikum belegen und mit der Perlhuhnbrust bedecken. Anschließend satt einwickeln. Würzen, gut anbraten, mit Rosmarinweigen und wenig Butter bei ungefähr 200 °C circa 8–10 Minuten im Ofen garen. Danach Temperatur auf 75 °C reduzieren und 15 Minuten ruhen lassen. In Tranchen schneiden und mit Schupfnudeln und jungem Gemüse servieren.

WEINBAUGENOSSENSCHAFT MELS

Weinbaugenossenschaft Mels

Rathauskeller
CH-8887 Mels

Telefon 00 41 (0) 81 / 7 23 52 49
Telefax 00 41 (0) 81 / 7 10 50 75
www.wbgmels.ch

Die Weinbaugenossenschaft Mels wurde im Jahr 1938 gegründet. Sie zählt heute 55 Mitglieder, die im Nebenerwerb mit Leidenschaft insgesamt zehn Hektar bewirtschaften. Meist sind die Parzellen seit Generationen im Familienbesitz und werden aus Gründen der Tradition und der Liebe zum Land mit viel Aufwand gepflegt. Qualität statt Quantität ist hier das Motto. Von Heiligkreuz bis Sargans und bis in die Halde Mels werden die Hänge in sehr unterschiedlichen Lagen nach IP-Empfehlung bewirtschaftet. Dabei entsteht fast so etwas wie Wetteifern unter den Hobby-Weinbauern, welcher Weinberg der schönste und am aufwendigsten bearbeitet ist. Bei Toni Bardellini, seit dem Jahr 2000 Kellermeister, laufen alle Fäden zusammen. Er empfiehlt hier, berät dort und sorgt nicht zuletzt dafür, dass Mitte Mai die Anzahl der Triebe anständig begrenzt wird, damit im Herbst auch die Qualität der angelieferten Trauben seinen Anforderungen genügt. Der Löwenanteil der Fläche – circa acht Hektar – ist mit Blauburgunder-Reben bepflanzt. Der Rest verteilt sich auf die Kreuzung Riesling x Sylvaner, besser als Müller Thurgau bekannt, Chardonnay und einige Spezialitäten wie Regent und Gamaret.

Der Melser Rathauskeller trägt seinen Namen übrigens zu Recht, ist er doch die einzige Kellerei der ganzen Schweiz, die im Rathaus produziert. Hier befindet sich auch die gemütliche Probierstube.

Im Januar wird der Wein vom Torkel Heiligkreuz angeliefert, wo er dann in großen Tanks oder in kleineren Eichenfässern, den Barriques, bis zur Flaschenabfüllung kontrolliert reifen kann. Für die Weinbereitung und die Geschäftsführung zeichnet Toni Bardellini verantwortlich, der sich selbst als „Mädchen für alles im Dienste des Weins" bezeichnet.

Der Winzer und Weinküfer ist auf einem Weingut aufgewachsen und seit seiner Kindheit mit der Weinbereitung vertraut. Er hat sein Wissen als Winzer und Weintechnologe an der Hochschule in Wädenswil professionalisiert und versteht sein Schaffen für den Rathauskeller als Ein-Mann-Betrieb: Von der Weinbereitung über das Abfüllen, Etikettieren bis hin zum Vermarkten liegt alles in seinen fachkundigen Händen.
Besonders stolz ist Toni Bardellini auf die verschiedenen Spezialitäten, mit denen der Rathauskeller nicht zuletzt auf die Vorlieben der Konsumenten eingeht.
Da ist zum einen der „Melser Blauburgunder Spätlese". Durch den streng reduzierten Ertrag pro Quadratmeter bekommt der Wein viel Körper und einen gehaltvollen, ausgeprägten Charakter.
Genauso wie der „Melser Regent". Beinahe südländische Noten von roten Früchten mit einem schmeckbaren Tanningerüst machen die Qualität der noch recht jungen Neuzüchtung aus. Er kann als Essensbegleiter auch herzhaften Speisen und wuchtigen Gewürzen Paroli bieten. Verständlich, dass seine Beliebtheit von Jahr zu Jahr zunimmt.
Auch der „Melser Federweiss" ist ein Publikumsliebling. Die Blauburgunder-Trauben werden wie üblich abgebeert, gemahlen und sofort sorgfältig abgepresst. So wird der Farbstoff, der in den Traubenhäuten gespeichert ist, nicht in den Saft abgegeben. Es entsteht ein heller, goldiger Wein mit einem ganz speziellen Aroma.
Für Toni Bardellini ist die Herausforderung, alle Verarbeitungsschritte zu betreuen und zu verantworten, das Besondere an seinem Beruf. So kann man sagen, dass die vielen Hobby-Weinbauern und der Profi, der ihre Trauben vinifiziert, ein Produkt herstellen, das es ohne die gemeinsame, verbindende Leidenschaft für den edlen Saft nicht gäbe. Denn den Idealismus kann man in den Weinen des Melser Rathauskellers zwar schmecken, aber zusätzlich bezahlen muss man ihn nicht. Besucher sind jederzeit herzlich willkommen, ein Anruf genügt.

FÜRSTENLAND UND BODENSEE

Vom Bodensee bis Wil: Fürstliche Genüsse im früheren Fürstenland

Die Seele Europas – so wird der Bodensee oft genannt. Seine einzigartige Lage im Dreiländereck zwischen Österreich, Schweiz und Deutschland verleiht dem Bodensee internationales Flair und macht ihn zum abwechslungsreichen, kulturellen Reiseziel: Festspiele in Bregenz, Pfahlbauerdorf bei Unteruhldingen, das barocke Kloster Birnau, die Blumeninsel Mainau oder das UNESCO Kulturerbe Insel Reichenau, das malerische Meersburg, das zurecht als schönster Ort am Bodensee gerühmt wird, die schwäbisch-alemannische Fastnet in Konstanz – temperamentvoll und ausgelassen – und nicht zuletzt die vielen kleinen schmucken Ortschaften, die es rund um den See zu erkunden gilt.
Wie zum Beispiel Arbon am Schweizer Ufer des Bodensees: Mit seiner gefälligen Altstadt und den vielen historischen, frisch herausgeputzten Gebäuden und zahlreichen kleinen Fachgeschäften lädt es zu einem beschaulichen Stadtbummel ein – ganz ohne Hektik und ohne große Kaufhausketten, aber mit einer gepflegten Seepromenade und zahlreichen Gaststätten, die Erholung versprechen.

Im nahen Rorschach zeugen viele Gebäude von der wechselvollen Geschichte der Schweizer Bodensee-Orte. Mit einem offenen Blick und etwas historischem Hintergrund erschließen sich dem Betrachter die Gedenktafeln, die an manchen Häusern von früheren Jahrhunderten erzählen. So ist Rorschach einer der ältesten Marktflecken am See. Bedeutung erlangte es, als Abt Ulrich 1489 das Kloster St. Gallen hierher verlegen wollte und zu diesem Zweck auf dem Mariaberg ein imposantes Gebäude errichtete, das allerdings von St. Gallern und Appenzellern niedergebrannt und nach den Kriegswirren von 1489 nur ein wenig bescheidener wieder aufgebaut wurde. Umgezogen ist das Kloster freilich dennoch nicht, vielmehr gewann Rorschach durch Leinwand- und Getreidehandel an Bedeutung. Der neue Reichtum manifestierte sich im Bau des imposanten Wahrzeichens von Rorschach, dem Barocken Kornhaus, das vom Wasser kommend schon von Weitem zu sehen ist: stolz und schön. Ohnehin ist es eine gute Möglichkeit, den Bodensee vom Wasser aus zu erkunden. Entsprechende Angebote für Ausflugsfahrten gibt es in vielen Häfen. Zum Erleben der historisch gewachsenen Kulturlandschaften kommt so der Einblick in den privilegierten Naturraum der Bodenseeregion: Flache Uferzonen werden von idyllischen Hügellandschaften gesäumt, die im Süden in die eindrucksvollen Bergketten der Alpen übergehen.

Und noch ein Verkehrsmittel bietet sich an, um diese einmalige Landschaft kennenzulernen: das Fahrrad! Wohl keine andere Urlaubsregion in Europa symbolisiert eine derart klassische Fahrradregion wie die Gegend rund um den Dreiländersee. Ein dichtes Netz ausgebauter Radwege am Ufer und im attraktiven Umland verspricht ungetrübtes Radelvergnügen. Stimmungsvolle Landgasthöfe und eine Gastronomie, die wegen der Internationalität ihres Publikums immer um Höchstleistungen bemüht ist, tragen sehr zum unbeschwerten Urlaubsgefühl bei. Ein ansprechender Mix aus Weinbergen, Streuobstwiesen und dem faszinierenden Alpenpanorama sorgt zusammen mit dem Blick auf die glitzernde Wasseroberfläche dafür, dass der Alltag schnell vergessen ist; zumal Strandbäder, Thermen, Freizeit- und Tierparks reichlich Erholung von Sattel und Pedalen bieten. Der „Bodensee-Radweg“ ist wohl die berühmteste Radstrecke Mitteleuropas: Auf 273 Kilometern umrundet er fast durchweg ufernah den gesamten See und läuft dabei die meisten der bekannten Sehenswürdigkeiten an.

Vom Bodensee kommend, zwischen Rorschach und Will, erstreckt sich, historisch gesehen, die Region „Fürstenland". Die Bezeichnung rührt daher, dass dieses Gebiet, das auch „Alte Landschaft" genannt wird, bis 1798 den Kern der Territorialherrschaft der Fürstabtei St. Gallen umriss. Heute ist „Fürstenland" eine Markenbezeichnung im Tourismusbereich.

Die Bewohner der Alten Landschaft, die wegen ihrer Abhängigkeit von der Fürstabtei auch „Gotteshausleute" genannt wurden, gerieten vor allem während der Reformation in offene Konflikte mit den Äbten von St. Gallen. Zumal die Stadt Zürich mehrfach versuchte, die reformierten „Gotteshausleut" unter ihre Schirmherrschaft zu nehmen. Erst durch die Niederlage der reformierten Kantone im 2. Kappelerkrieg 1531 mussten sich die Einwohner des Fürstenlandes wieder dem hoheitlich katholischen Glauben zuwenden.

Nach der französischen Revolution entstand eine neue Freiheitsbewegung. Der Schlachtruf „Zahl nünt, du bist nünt scholdig" der Gossauer Bürger mündete 1795 in den „Gütlichen Vertrag" mit der Abtei. Der letzte

Abt des Klosters St. Gallen, Pankraz Forster, gewährte daraufhin 1797 der Alten Landschaft ein eigenes Siegel und die Wahl eines Landrats. 1798 entließ das Kloster die Region schließlich in die Unabhängigkeit.
Heute zeigt sich die Alte Landschaft mit ihren in jüngerer Zeit entstandenen umtriebigen Lager-, Industrie- und Wohngebieten inmitten von saftig grünen Wiesen in einer leicht hügeligen Landschaft im Spannungsfeld von Neu und Alt. Zu Fuß und mit dem Fahrrad lässt sich all dies am besten erkunden: Eine idyllische Velo-Route führt vom Thurgau kommend über Gossau nach St. Gallen und zahlreiche ausgewiesene Wanderwege durchziehen den großen Naherholungsraum rund um das prosperierende Wirtschaftszentrum der Stadt.

HOTEL RESTAURANT WOLFENSBERG

Hotel Restaurant Wolfensberg
Seminar- und Ferienhotel
Inhaber: Familie Senn

CH-9113 Degersheim

Telefon 00 41 (0) 71 / 3 70 02 02
Telefax 00 41 (0) 71 / 3 70 02 04
www.wolfensberg.ch

Ein sprichwörtlicher Familienbetrieb ist das Hotel Wolfensberg in Degersheim. Seit über 75 Jahren ist das bereits 1685 erbaute Haus im Besitz der Familie Senn. Sie hat es zu dem gemacht, was es heute ist: ein familiäres, gepflegtes Haus mit zeitgemäßer komfortabler Ausstattung und abwechslungsreicher Küche. Man sieht dem Haus heute noch an, dass es immer wieder an aktuelle Bedürfnisse angepasst wurde. Interessant, wie harmonisch sich Anbauten und Erweiterungen zu einem stimmigen Ganzen fügen, ohne den ursprünglichen Charakter des Hauses anzutasten. Charmant verwinkelte Grundrisse und zahlreiche Treppen sind Zeugen davon, dass das Wohl des Gastes zu jeder Zeit an erster Stelle stand. Das ist auch heute noch so – die drei Senn-Brüder, die das Haus führen, werden nicht müde, sich für das Wohl ihrer Gäste einzusetzen und Projekte für die Zukunft zu planen: ein neuer Spielplatz oder die Öffnung und Erweiterung der hauseigenen Fitnessanlage, eine Vergrößerung des Hotels ...

Umgeben von einer gepflegten Parkanlage mit großem Biotop steht das Haus mit seinen An- und Nebenbauten hoch oben auf dem Berg und schaut sommers wie winters in eine traumhafte Landschaft. Ein Paradies für Wanderer, Langläufer, Biker, aber auch für die glücklichen Geschäftsreisenden, die zu einer Tagung oder für ein Seminar ins

Hotel Wolfensberg finden. Eine kleine Hausbibliothek und hoteleigene Wellnessanlagen lassen hier oben die Uhren langsamer gehen und garantieren pure Erholung. Nur cirka 20 Minuten vom Stadtzentrum St. Gallens entfernt, taucht man in Degersheim doch in eine völlig andere, noch heile Welt ein. Das Gras scheint saftiger, die Tannen grüner und die Menschen herzlicher. Sofort fühlt man sich gut aufgehoben. Vielleicht liegt das auch an der ehrlichen, soliden Küche des Hotels Wolfensberg. Aus regionalen und saisonalen Zutaten werden währschafte Kleinigkeiten für Wanderer und Einheimische ebenso angeboten wie wohlschmeckende Menüs oder raffinierte, mehrgängige Dinners. Die große Bandbreite seines kulinarischen Repertoires macht das Haus der Familie Senn auch für Tagesgäste so beliebt. Denn tatsächlich soll sich der Landwirt aus der Nachbarschaft hier genauso zu Hause fühlen wie ein Züricher, Berner oder ausländischer Gast. Mit täglich wechselnden, immer frischen Mittagsmenüs und einer großen Karte auf gleichbleibend hohem Niveau gelingt das dem Wolfensberg spielend.

Und auch die ganz großen Feste lassen sich hier oben rauschend feiern – mit insgesamt drei Sälen in unterschiedlicher Größe, die dem jeweiligen Anlass entsprechend liebevoll geschmückt werden, sind Bankette mit 15 bis 140 Gästen möglich. Praktisch, dass es von fern angereiste Gäste nicht weit haben, um sich von solch angenehmen Strapazen in den komfortablen Hotelzimmern auszuruhen. Und wer sich nach ein paar Tagen Erholung oder auch nur nach einer ausgedehnten Rast nicht trennen mag, der kann vom Wolfensberg selbst gemachten Käse, Buure Schüblig, hausgemachte Salatsauce oder einen der beliebten Geschenksäcke mit Wegzehrung mitnehmen.

Wolfensberger Schweinsröllchen auf feinem Rahm-Paprikasauerkraut

Zutaten

8 Schweineschnitzel à 60 g
24 Tranchen Kochspeck
280 g Wolfensbergkäse, geraffelt
8 mittelgroße Salbeiblätter
350–400 g fertiges Sauerkraut
etwas Sahne
Paprikapulver
Butter und Olivenöl zum Anbraten
Petersilie zum Garnieren

Zubereitung

Die Schnitzel flach klopfen und darauf je eine Scheibe Speck legen. Den Käse darauf verteilen und mit einem Salbeiblatt belegen. Mit Salz und Pfeffer würzen und die Seiten etwas einschlagen, dann die Schnitzel fest einrollen und mit zwei Scheiben Speck fest umwickeln. In Olivenöl und Butter langsam durchbraten und warm stellen.

Das Sauerkraut mit Sahne und mildem Paprika auf kleinem Feuer köcheln lassen und abschmecken. Auf einen Teller wenig Sauerkraut legen und die schräg aufgeschnittenen Röllchen darauf anrichten. Mit etwas Petersilie garnieren. Dazu passen Grießgnocchi oder gebratene Kartoffeln mit Kräutern und farbenfrohes Gemüse.

RESTAURANT EGLI

Pedro Egli ist ein energiegeladener Mensch. Er sprüht vor Ideen und während er noch das eine erzählt, fällt ihm schon wieder etwas anderes ein. Von seinem Temperament und seiner Leidenschaft lebt seine Küche. Da wundert es auch nicht, dass die kunstvollen Dessertkreationen, die heute immer noch sein Markenzeichen sind, dem gelernten Patissier und Konditor-Confiseur irgendwann nicht mehr genug waren: Das Café Egli mutierte ganz langsam zum beliebten Speiserestaurant. Heute ist es ein gekonnter Balanceakt, den Pedro und seine Frau Yvonne täglich leisten: Sie öffnen morgens als Café, bieten ihren Gästen nicht nur ein Frühstück, sondern mit der umsichtig freundlichen Art von Yvonne Egli im Service auch einen guten Start in den Tag, während in der offenen Küche bereits die Vorbereitungen für den Mittagstisch laufen. Um 11:30 Uhr kommen bereits die ersten Gäste zum Mittagessen. Auf der täglich geänderten Karte sind Abwechslung und Frische das oberste Gebot, wobei Pedro gerne Rückmeldungen von seinen Gästen aufnimmt: Wie? schon lange keine Gemüseravioli mehr gehabt? Kein Problem, dann gibt's die in der nächsten Woche! Pedro Egli ist sich sicher, dass Früchte und Gemüse nur dann richtig gut schmecken, wenn sie kurze Transportwege hinter sich und in der Region auch tatsächlich Saison haben. Alles muss knackig frisch und aromatisch sein. So erklärt er sich seinen Erfolg, der dazu führte, dass neben dem Mittagstisch bald auch abends im großen Stil gekocht wurde. Nachmittags ist das Café Egli nach wie vor beliebter Treffpunkt für Kenner, die eines der vielen köstlichen Desserts, einen hausgemachten Glacébecher, eine verführerische Nussecke oder einfach nur einen köstlich duftenden Kaffee genießen wollen. Für den Abend werden alle Tische weiß eingedeckt, das Licht wird gedimmt und mit Kerzen entsteht sofort eine ganz andere Atmosphäre. Jetzt lässt es sich hier festlich und stilvoll tafeln. Pedro Egli muss eigentlich mindestens sechs Hände und zwei Köpfe haben, um all diese Köstlichkeiten in aufwendiger Handarbeit selbst herzustellen – wie macht er das bloß?

Restaurant Egli
Yvonne und Pedro Egli

St. Gallerstrasse 137
CH-9200 Gossau

Telefon 00 41 (0) 71 / 3 85 90 30
Telefax 00 41 (0) 71 / 3 85 91 65
www.restaurant-egli.ch

Ein Geheimnis seiner Küche liegt sicher in den vielen selbst gemachten Einmachgläsern, die manchmal auch das Restaurant farbenfroh dekorieren. Er versucht mit seinen Pelatti-Gläsern den Duft des Sommers, von frischen Tomaten einzufangen. Mit Birnen und Quitten aus dem Einmachglas zaubert er verführerische Beilagen, Saucen und natürlich auch raffinierten Nachtisch. Eingekochte Gurken sind auch im Winter knackig und würzig, wenn sich auf dem Markt nur wässrige Ware findet. Außerdem ist es Pedro ein Anliegen, seinen Gästen etwas in Vergessenheit geratene Früchte wie die Quitte, seine Lieblingsfrucht, in allen nur erdenklichen Zubereitungsarten näherzubringen. Dafür nimmt er zeitaufwendige Handarbeit in Kauf und scheut auch nicht davor zurück, die ganze Familie im Herbst dazu einzuspannen, die Quitten von ihrem pelzigen Film zu befreien, um am Ende nicht weniger als 500 Gläser in seinen Keller stellen zu können. Die Mühe lohnt sich: Originell und unverwechselbar sind die kulinarischen Genüsse, die Pedro seinen Gästen mit hausgemachtem Kompott, Likör, Essig, Glacé oder Gelee schenkt.
Ein so umtriebiger Mensch ist mit einem so vollen Tag noch lange nicht ausgelastet. Jedes Jahr werden im Wechsel die Tessiner und die Engadiner Wochen ausgerichtet: Ferienregionen der Familie Egli. Dort haben sie wichtige Lehrjahre verbracht, dort beziehen sie noch heute ihren Wein von persönlich bekannten Winzern und Freunden und somit verfügen sie über das größte Tessiner Weinangebot der Ostschweiz. Überhaupt der Wein: „Wine und Dine“ ist ein weiteres Projekt von Pedro Egli, an dem er, wie eigentlich immer, locker doppelt so viele Gäste unterbringen könnte wie er Plätze hat. „Es hat Spass gemacht für Sie zu kochen!“ gibt das Café Egli seinen Gästen auf einem kleinen Kärtchen mit auf den Weg. Man ist versucht, das Entscheidende zu ergänzen und darunter zu setzen: „Es hat Spaß gemacht, Gäste von Yvonne und Pedro Egli zu sein“.

Spezialitäten Eberle
Inhaber: Gebrüder Eberle AG

Seminarstrasse 8
CH-9200 Gossau

Telefon 00 41 (0) 71 / 3 85 75 66
Telefax 00 41 (0) 71 / 3 85 76 30
www.eberle.ch

„... Eine hübsche Fee gab dem unglücklichen Bäcker den Rat, doch nicht länger Brote und Torten zu backen, er solle nur ein Rätsel lösen: Was schmeckt köstlich süß, zart schmelzend, kernig und doch markant? Der junge Bäcker befolgte den Rat, löste das Rätsel mit Leichtigkeit und hatte großen Erfolg mit seinem: ja! Käse! ...“ So ähnlich würde sich die Geschichte von Max Eberle wohl im Märchen anhören. Tatsächlich hat eine Mehlstauballergie den jungen Bäcker 1974 veranlasst, sich nach einer neuen Beschäftigung umzuschauen. Er versuchte sein Glück im Käsehandel. Im eigenen Chäs-Lädli hat er dann sein gelerntes Handwerk mit seinem erworbenen Beruf erfolgreich kombiniert und seinen Kunden zahlreiche Neukreationen angeboten: Er war aus eigener Kraft zum wohl ersten Käsekonditor der Welt geworden. Seine drei Söhne führen sein Geschäft heute sehr erfolgreich weiter, dabei haben sie sich immer noch der gleichen Nische verschrieben, die ihr Vater entdeckt, wenn nicht erfunden hat: der Veredelung von Weichkäse-Produkten.

Der Fruchtkäse, der heute unter dem Namen Fruits finesse landesweit Liebhaber hat, war das erste Käseprodukt, das von Max Eberle veredelt wurde. Er kreierte aus rahmigem Frischkäse, aromatischen Haselnüssen und allerbesten Aprikosen und Datteln eine Delikatesse, die heute auf keiner Käseplatte fehlen darf. Der Noix finesse, ein weiterer Klassiker aus dem Hause Eberle, folgte bald. Mit viel Handarbeit, da jede einzelne Nuss einzeln auf den Schweizer Rahmkäse gesetzt

wird, entsteht diese Käsespezialität, die heute nicht nur in der Schweiz jedes Käsebüfett abrundet.
Mittlerweile wurde das Spiel von den fantasievollen Käsekonditoren in der zweiten Generation weitergetrieben: Verschiedene Frischkäse-Terrinen, im jahreszeitlichen Wechsel gefüllte Bries und sogar Frischkäse-Pralinen ergänzen heute die Produktpalette. Max Eberle junior – er kümmert sich hauptsächlich um die Administration, während seine zwei Brüder Rolf und Felix die Produktion betreuen – vermutet, dass die Konsumenten jeweils zunächst etwas irritiert sind, wenn wieder eine neue Kreation auf den Markt kommt. Bisher wurden aber alle Frischkäse-Terrinen, die mit Bärlauch, Oliven, Maroni, Trüffel, Kürbis, Chili, Tomaten, Pfeffer, Curry, Steinpilzen, Vieille Prune oder Cognac verfeinert wurden, gut aufgenommen und immer wieder nachgefragt. Die für manchen wohl so schockierenden Käsepralinen sind in einer anderen Lesart natürlich nichts anderes als die perfekte Verbindung der bei-

den berühmtesten Schweizer Produkte Käse und Schokolade. In der heute angesagten Cross-Over-Küche werden solche Ausflüge in kulinarisches Neuland von Gourmets gerne mitgegangen: Bevor man etwas nicht probiert hat, kann man nicht wissen, was einem entgeht – im Fall der Käsepralinen ein wirklich interessantes Apéro-Häppchen.
Ähnlich verhält es sich mit einem traditionellen Produkt, das die Gebrüder Eberle ebenfalls herstellen und dem sie heute zu neuem Glanz verhelfen: die Latwerge-Produktion. Latwerge ist ein altes Wort und bedeutete früher nach Auskunft des Grimmschen Wörterbuchs in Abwandlung des lateinischen Electuarium eine bekömmliche Arzneimischung. Wohltuend ist Latwerge auch heute noch, auch wenn es längst zum Überbegriff für eine althergebrachte, traditionell verankerte Spezialität geworden ist, die am ehesten mit Konfitüre vergleichbar ist, aber die Konsistenz von Honig besitzt. Die Eberle-Latwerge unter der Marke „Eisenhut" wird auf der Basis von Glukose-Sirup nach alter, geheimer Rezeptur hergestellt. Mittler-

weile sind neben der Original-Wacholder-Latwerge viele Geschmacksrichtungen erhältlich: Hagebutte, Holunder, Holunderblüte, Tannenschoss, Vogelbeere und Cranberry. Jede für sich ist eine kulinarische Entdeckung und vielseitig einsetzbar: als Brotaufstrich, als natürliche Süße für Joghurt und Quarkspeisen, zum Verfeinern von Obstsalaten und Desserts, zum Aromatisieren von Wildgerichten oder zum Abschmecken von verschiedensten Saucen.

Wenn, wie bei den Eberles in Gossau, Traditionsbewusstsein und die Freude an kulinarischen Neuschöpfungen Hand in Hand gehen, kann für den Konsumenten nur das Beste dabei herauskommen: Produkte, die mit Überzeugung und Liebe hergestellt werden.

HOTEL SÄNTISPARK

Während der Fußballeuropameisterschaft 2008 hat sich die rumänische Mannschaft das Hotel Säntispark als Quartier ausgewählt. Ein Blick genügt, um zu verstehen warum: Das Hotel Säntispark zeigt sich konsequent in schlichtem, modernem Design. Klar und puristisch ist die Einrichtung. Nichts stört das Auge, und der Geist kommt zur Ruhe, denn bewusst wurde eine Atmosphäre geschaffen, in der man Luft holen und zu sich selbst finden kann. Ein freundliches Ambiente, in dem beispielsweise durch ein beruhigend plätscherndes Wasserbecken bewusste Akzente gesetzt werden.

Das große Einkaufszentrum und das fantastische Erlebnisbad in unmittelbarer Nachbarschaft spülen ganz unterschiedliche Kundschaft in das bis ins Detail generalüberholte Hotel: Familien, Sportler, Geschäftsreisende, Jungverliebte – für jeden hält das Hotel Säntispark das passende Arrangement bereit. Als Gast des Vier-Sterne Hauses kann man selbstverständlich die Bäderwelt mitbenutzen: Wellen- und Solebad, Wildwasser-Canyon, 90-Meter-Wasserrutschbahnen, Kinderspielbecken, Wasserfall, Hot-Whirlpools, das größte gemischte Saunadorf der Schweiz, Fitnesscenter, Wassergymnastik, Spiel- und Sporthallen ... Für Wasserratten, Sportbegeisterte und Wellnessfans bleiben schon heute keine Wünsche offen, obwohl schon wieder neue Investitionen geplant sind: Privat Spa, Medizinische Betreuung und ein größeres Beauty-Angebot sollen hinzukommen.

Auch für sich alleine bietet das Hotel Säntispark jede Menge Erholungsfaktoren: Ab 17 Uhr spielt jeden Abend ein Pianist für die Gäste der Bar, und im Restaurant kann man vom leichten Abendessen bis hin zum Menü für Genießer alles haben, was das Feinschmeckerherz begehrt. Der deutsche Koch, Jürgen Schmid, versteht es, seine Gäste mit einer gelungenen Cross-over Küche zu verwöhnen. Frische, saisonale Zutaten sind für ihn genauso obligatorisch wie internationale Delikatessen. Beides komponiert er zu Gerichten, die fantasievoll auf dem Teller und unwiderstehlich im Geschmack sind. Er liebt es, in bis dahin ungekannten Verbindungen von Früchten, Fleisch und Gemüse, die einzelnen Aromen zu mischen und neu zu

Hotel Säntispark

Wiesenbachstrasse 5
CH-9030 Abtwil

Telefon 00 41 (0) 71 / 3 13 11 11
Telefax 00 41 (0) 71 / 3 13 11 13
www.hotel-saentispark.ch

Restaurant Golf 36
Golfpark Waldkirch

CH-9205 Waldkirch

Telefon 00 41 (0) 71 / 4 34 67 60
www.golfwaldkirch.ch

betonen. Selbstverständlich stehen im Hotel Säntispark Konferenz- und Sitzungsräume in jeder Größe und mit modernster technischer Ausstattung zur Verfügung, und bei der liebevollen Verköstigung und dem reichen Rahmenangebot kann hier eigentlich nur effektives Arbeiten stattfinden.
Für Familien bieten die geschmackvoll, mit viel warmem Holz eingerichteten Zimmer einen zusätzlichen Clou: Aus dem eleganten Sofa zaubert das Personal mit wenigen Handgriffen ein Etagenbett, das zwei Personen eine komfortable Schlafmöglichkeit bietet.
Als ein Hotel der Migros Ostschweiz AG bietet das Hotel Säntispark unter der Leitung von Rolf Müller seinen Gästen höchsten Komfort zu einem vergleichbar günstigen Preis. Rolf Müller erklärt, dass er ein offenes Haus führen möchte – offen für jeden, der das stilvolle Ambiente, die vielfältigen Freizeitangebote und den persönlichen Service zu schätzen weiß. Das passt auch gut zum zweiten sportlichen Angebot, welches das Hotel Säntispark an anderer Stelle mitgestaltet: Seit kurzem steht das Restaurant Golf 36 des Golfpark Waldkirch ebenfalls unter der Regie des Hotel Säntispark. Ausflügler, Geschäftsreisende, Passanten und natürlich die aktiven Golfer werden hier mit einer Frischmarktküche verwöhnt. Hausgemachte Pasta mit verschiedenen Saucen, täglich wechselnde Tagesmenüs oder zahlreiche Snacks, wie die beliebten Clubsandwichs, sind hier genauso wie ein raffiniertes À-la-carte-Menü zu haben. Verschmitzt erklärt Rolf Müller, dass man in der Gastronomie wie im Sport eben immer am Ball bleiben müsse.

Von ferne erreicht fröhliches Kinderlachen das Ohr, es weht ein laues Lüftchen, vor einem liegt tiefblau der Bodensee und die Luft scheint wunderbar zu schwirren. Am liebsten möchte man den leicht erhöhten Aussichtsplatz der Terrasse des Restaurants Strandbad in Arbon gar nicht mehr verlassen: Malerisch ist der Blick auf den Bodensee, der sich mal ruhig und träge, mal aufgeregt und stürmisch gibt. Hier kann man stundenlang sitzen, den Ausblick genießen, dem Treiben der Badegäste der „Badi" zuschauen, Zeitung lesen, Kaffee trinken und selbstgebackenen Kuchen essen oder ein unkompliziertes, zu jeder Tageszeit frisch zubereitetes Menü genießen. Menü? In einem Restaurant Strandbad? Warum nicht! An den Küsten von Mittelmeer und Nordsee ist es längst kein Geheimnis mehr, dass in den kleinen Restaurants direkt am Meer oft die frischsten Köstlichkeiten serviert werden. Das denkmalgeschützte Restaurant Strandbad in Arbon liegt direkt am „Schwäbischen Meer" und knüpft an diese Tradition an. Jeden Tag aufs Neue werden marktfrische, konsequent regionale Zutaten zu bodenständigen, soliden und preiswerten Klassikern verarbeitet. Christine Truttmann, die das Restaurant Strandbad umsichtig führt, ist es ein großes Anliegen, dass alle Produkte aus der Umgebung stammen: Regionales Bier, Fisch aus dem Bodensee, Gemüse und Früchte direkt vom Landwirt und Buurehof-Glace sparen Transportwege und garantieren der Wirtin neben Transparenz in der Herstellung auch die tägliche Frische und die regionale Wertschöpfung.

Ein buntes Publikum weiß die Qualität des konsequent auf Selbstbedienung setzenden Restaurants zu schätzen: Hier sitzt eine Familie mit drei Kindern, dort treffen sich zwei elegante, ältere Damen zu einer gepflegten Tasse Kaffee und in einem der hippen Outdoorsofas kuschelt ein verliebtes Pärchen. Mittags gibt es zusätzlich zu den Gerichten auf der Karte ein täglich wechselndes Menü, und die immer wieder frisch bestückte Salatbar lässt keine Wünsche offen.

Bei schönem Wetter, wenn viele Plätze von Ausflüglern, Radlern und Spaziergängern besetzt sind, die oft von weit her das Restaurant Strandbad wegen seiner guten Küche als Ziel ansteuern, ist naturgegeben mehr Betrieb wie an trüben oder bewölkten Tagen, obwohl auch im Inneren 60 Plätze zum Verweilen einladen. Mancher Stammgast kommt sogar lieber, wenn weniger los ist: am frühen Morgen zu einem ausgiebigen Frühstück, zu einem Frühschoppen oder zu einem Longdrink am Abend. Die Küche des Restaurants Strandbad arbeitet eng mit dem St. Galler Fonduebeizli – die gleichen Besitzer beziehungsweise Pächter machen das möglich – zusammen und kann deshalb auch das Catering für große Anlässe übernehmen oder selbst Bankette ausrichten. Ein Jubiläum, das in der freundlich fröhlichen und auch bei Hochbetrieb immer aufgeräumten Atmosphäre hier direkt am Wasser gefeiert wird, bleibt sicher lange in Erinnerung.

Restaurant Strandbad Arbon
Christine Truttmann

Philosophenweg 11
CH-9320 Arbon

Telefon 00 41 (0) 71 / 4 46 17 60

HOTEL METROPOL

Hotel Metropol Arbon
Geschäftsführer: Rolf Müller

Bahnhofstrasse 49
CH-9320 Arbon

Telefon 00 41 (0) 71 / 4 47 82 82
Telefax 00 41 (0) 71 / 4 47 82 80
www.metropol-arbon.ch

Wirtschaft zum Schloss

CH-9320 Arbon

Telefon 00 41 (0) 71 / 4 40 12 28
www.zumschloss.ch

Das Hotel Metropol in Arbon hat eigentlich den falschen Namen. Denn Arbon ist ein kleines, beschauliches Städtchen am Bodensee mit vielen malerischen, aufwendig restaurierten Häusern, einem langen Spazierweg direkt am Ufer, verschiedenen Parkanlagen und vielen sportlichen und kulturellen Freizeitangeboten. Der Uferweg führt direkt am 1964 erbauten Hotel Metropol vorbei, das sich von außen zwar mit viel Glas ein modernes, kühles Gesicht gibt, von Direktor Rolf Müller aber liebevoll wie ein Familienhotel geführt wird. Der herzliche, zuvorkommende Service steht für ihn an erster Stelle. Gäste des Vier-Sterne-Hauses sollen sich rundum wohl fühlen. Da alle Hotelzimmer Seesicht haben, fängt die Erholung schon im komfortabel eingerichteten Zimmer an: tief durchatmen und die herrliche Kulisse genießen. Oder zur Abkühlung schnell in den Außenpool im ersten Stock springen, der diskretes Baden mit Blick auf den See möglich macht. Ein Bootssteg, eine ruhige Liegewiese, eine lauschige Terrasse und zahlreiche vielseitig nutzbare Sitzungs- und Konferenzräume ergänzen das Angebot. Gerade für Seminare und Tagungen bietet das Hotel Metropol ideale Bedingungen, denn hier merkt man kaum, dass man zum Arbeiten angereist ist

und fährt immer auch ein bisschen erholt wieder weg. Sicher liegt das auch an der einfallsreichen Küche des Engländers Gary Pettinger. Er hat sich einer regionalen Frischmarktküche verpflichtet, die durch asiatisch und mediterran angehauchte Streifzüge aufgelockert wird. Viele Tagesgäste schätzen die große Mittagskarte, die immer auch ein Gericht der exquisiten Monatskarte vorstellt. Die Monatskarte ist eine, jeweils unter ein eigenes Thema gestellte, fein komponierte Gourmetkarte, bei der der Küchenchef seine Kreativität und seine kenntnisreiche Experimentierfreude auslebt. Zahlreiche Stammgäste und viele Besucher von jenseits der nahen Landesgrenzen sind für Rolf Müller und das Team der Metropol-Küche die tägliche Bestätigung dafür, dass ihr persönliches Bemühen um eine gehobene Gastlichkeit Anklang findet. Für Firmen-Bankette, Familienfeiern oder Jubiläen gehen beide gerne auf die Wünsche der Gäste ein und zaubern ein maßgeschneidertes kulinarisches Konzept zum jeweiligen Anlass.
Seit 2005 hat sich das Hotel Metropol zudem der Gastwirtschaft im historischen Schloss von Arbon angenommen, der Wirtschaft zum Schloss. Im obersten Stock und auf der Terrasse des Hauses mit der wechselvollen Geschichte bietet ein eingespieltes Team unter der Leitung des Hotels Metropol täglich frische Mittagsmenüs und unkomplizierte Köstlichkeiten an. Vor allem für Hochzeiten und Bankette wird das historische Gemäuer gerne genutzt. Im respektablen Innenhof lassen sich stilvolle Apéros für bis zu 300 Gäste ausrichten, und Bankette erhalten durch das imposante alte Gemäuer eine charmante Note. Das Know-how des Metropol kommt der Wirtschaft zum Schloss sehr zu gute.

Eglifilet in Mostteig

Zutaten

500 g Eglifilets (Flussbarsch)
Zitronensaft
ca. 100 g Mehl
60 ml Most
40 ml Wasser
1 EL Sonnenblumenöl
1 Eiweiß
Salz und weißer Pfeffer aus der Mühle

Zubereitung

Eglifilets mit Zitronensaft und Pfeffer marinieren. 70 Gramm Weißmehl in eine Schüssel sieben, Most, Wasser, Öl, Salz und Pfeffer dazugeben und zu einem glatten Teig verrühren. Das Eiweiß steif schlagen und unter den Teig heben. Die Eglifilets vorsichtig salzen und im restlichen Mehl wenden, überschüssiges Mehl abklopfen. Die Fischfilets durch den Backteig ziehen und leicht abstreifen. In der Fritteuse bei 180 °C knusprig frittieren. Herausnehmen und auf Küchenpapier entfetten. Mit Zitronenvierteln und nach Wunsch mit frittierter Petersilie anrichten.

MOSTEREI MÖHL

Die Mosterei Möhl ist „ein Saftladen"? Ja, genau! Aber das in ganz positivem Sinne, denn hier werden jährlich bis zu 13 000 Tonnen Obst gepresst und zu Saft und Apfelwein verarbeitet. Den Grundstein hierfür legte 1895 Hans Georg Möhl-Schär, der Urgroßvater der jetzigen Firmeninhaber. Nach der Übernahme des elterlichen Landwirtschaftsbetriebes eröffnete er den „Gasthof Rössli" und stellte im Keller die ersten Holzfässer auf, um vergorenen Apfelsaft anzubieten. Heute, in vierter Generation, leiten Ernst und Markus Möhl die Mosterei. Eichenfässer sind noch immer in Gebrauch, aber sonst würde der Urgroßvater wohl kaum etwas wiedererkennen. Groß und modern ist der Betrieb geworden. Kein Wunder, denn inzwischen werden hier dank der Unterstützung von 55 Mitarbeitern und mehreren Lehrlingen täglich etwa 100 000 Flaschen abgefüllt. Dabei war der Einstieg der Brüder in den Betrieb ein ziemlicher Sprung ins kalte Wasser, denn als der Vater 1975 plötzlich verstarb, waren beide Söhne noch in der Ausbildung. Trotzdem haben sie den Schritt gewagt. Und sie wurden für ihren Mut belohnt: mit großem Vertrauen in der Region, mit hohen Umsatzzahlen und mit so besonderen Auszeichnungen wie „Unternehmerpreis Ostschweiz" oder „Oberthurgauer des Jahres".

Mosterei Möhl AG
Ernst und Markus Möhl

St. Gallerstrasse 213
CH-9320 Arbon

Telefon 00 41 (0) 71 / 4 47 40 74
Telefax 00 41 (0) 71 / 4 47 40 75
www.moehl.ch

Grundlage des Erfolges ist die hohe Qualität bei fairen Preisen. Da die „Mosterei Möhl" das gesamte Obst aus dem näheren Umkreis bezieht, können die Kosten durch kurze Transportwege niedrig gehalten werden – und das Obst frisch. Von der Abladestation der Mosterei gelangen die Früchte über unterirdische Schwemmrinnen zu der modernen Obstwaschanlage und von dort weiter zur Mühle und in die Obstpresse. So werden aus 100 Kilo frischem Obst etwa 78 Liter Saft. Je nach gewünschtem Endprodukt wird der frische Saft kurz pasteurisiert, durch Zugabe von Reinhefe zu Apfelwein vergoren oder mittels aufwendiger Verfahren in Konzentrat umgewandelt, aus dem mit Quellwasser wieder Saft hergestellt werden kann. Selbstverständlich geschieht dies alles unter regelmäßigen Qualitätskontrollen und ohne Zugabe von Zucker oder chemischen Zusätzen.
Den größten Umsatz macht die Firma Möhl mit „Shorley", dem ersten mit Mineralwasser gemischten Schweizer Apfelsaft, den nicht nur Sportler als perfekten Durstlöscher zu schätzen wissen, und „Swizly", einem mit Holundersirup und wenig Apfelsaft angereichertem Apfelwein mit fünf Volumenprozenten Alkohol, der ein begehrtes Apéro-Getränk ist.

Kir mit Apfelwein
(für 1 Person)

Zutaten
1-2 Eiswürfel
½ Messglas Cassis-Sirup
2 Messgläser Cuvée Jean-Georges (Apfelwein)

Zubereitung
Die Eiswürfel in ein hohes Glas legen. Zuerst den Sirup, dann den Apfelwein darüber gießen. Gut umrühren.

Begeistert aufgenommen wurde auch die Jubiläums-Kreation „Cuvée Jean-Georges", ein feiner Apfelschaumwein aus traditioneller Flaschengärung, der sich mit seinen sieben Volumenprozenten Alkohol ebenfalls sehr gut zum Apéro sowie zum Mixen von Cocktails eignet.
Nicht wegzudenken aus dem Angebot ist auch der „Saft vom Fass", ein exzellenter naturtrüber Apfelwein, der durch die Lagerung in Eichenfässern und die Zugabe von Süßmost vor der Abfüllung besonders mild und aromatisch wird. Es gibt ihn mit 4.2 Volumenprozenten Alkohol und neuerdings auch als alkoholfreie Variante. Hervorragende reine Süßmoste sind der „Steinkrügler", ein milder, trüber, naturbelassener Most aus Äpfeln und Birnen, und der bereits 1960 eingeführte naturtrübe „Bio-Süssmost".
Wer die Produktionsabläufe, die riesigen Fässer und Tanks aus der Nähe bestaunen möchte, ist bei Firma Möhl herzlich willkommen. Für Gruppen werden auf Voranmeldung gerne Betriebsführung angeboten. Auch das hauseigene, öffentlich zugängliche Saft- und Brennerei-Museum mit alten Maschinen und Gerätschaften ist sehr sehenswert. Und zu guter Letzt sollte man aus dem Verkaufsladen unbedingt ein paar Kostproben mit nach Hause nehmen, denn leider gibt es Möhl-Produkte (noch) nicht überall in der Schweiz.

HOTEL BAD HORN

Hotel Bad Horn

Seestrasse 36
CH-9326 Horn

Telefon 00 41 (0) 71 / 8 41 55 11
Telefax 00 41 (0) 71 / 8 41 60 89
www.badhorn.ch

Ein Bijou direkt am See, mit Tradition und Stil – das ist das „Vier Wellen"-Hotel Bad Horn am Südufer des Bodensees. Das Hotel zeigt sich seinen Gästen als Nautik-Themen-Hotel, das durchgängig in maritimem Stil eingerichtet wurde. Betörend elegant ist das Ambiente mit viel poliertem Holz (in jüngerer Zeit wurde kein Tropenholz mehr verbaut, sondern einheimische Hölzer, etwa Madrona), dunkelblauen Akzenten und glänzendem Messing.
Bereits 1827 ist das Haus als Gasthof zum Anker erbaut worden und firmiert seit Mitte des 19. Jahrhunderts unter dem heutigen Namen Hotel Bad Horn. Damals waren schwefel- und eisenhaltige Mineralbäder der letzte Schrei, und den Reisenden der Biedermeierzeit ging es neben ihrer Gesundheit immer auch um den Status ihres Reisens – im „Bädli" war man auch gesellschaftlich gut aufgehoben.

Das Hotel Bad Horn hat sich viel von dieser Eleganz und dem Charme eines Hauses des gehobenen Establishments bewahrt: So stellt man sich heute die dezente Eleganz auf alten englischen Luxuslinern oder in einem hanseatischen Club vor. Ein Blick in die verschiedenen Restaurants zeigt, dass das maritime Spiel konsequent durchgehalten wird. Im Emily´s Wave, dem „Gourmet-Stübli", fühlt man sich als Gast wie am Tisch des Kapitäns auf hoher See. Hier genießt man die raffinierte, vielfach ausgezeichnete französische Küche von Peter Vogel, der es versteht, seine Gäste mit erlesenen Delikatessen zu verwöhnen. Im „Captain's Grill Room", der als Business-Class-Restaurant mit 50 Plätzen eine internationale Küche mit französischen Flair pflegt, geht es nicht weniger gediegen zu: Ein offener Kamin sorgt bei passender Witterung für eine stimmungsvolle Atmosphäre, die durch die dezente Klaviermusik eines Pianisten verstärkt wird. Chefkoch Christian Göppel sorgt hier mit umsichtig komponierten Menüs dafür, dass die Gäste schnell Ort und Zeit vergessen und sich mit Blick auf den Bodensee auf ferne Meere träumen. Das „Al Porto" schließlich bietet mediterrane Kost und versteht sich eher als bodenständiges „Hafenbeizli", was natürlich pures Understatement ist. Der große Palmengarten ergänzt das attraktive Angebot um lauschige Gartensitzplätze direkt am Wasser. Einzigartig ist sicher die „M.Y. Emily": Die hoteleigene, exklusive Motoryacht mit Wurzelholz-Ausbau à la Belle Epoque bietet den Hotel- und Seminargästen mit verschiedenen Cruises die einzigartige Möglichkeit, die gehobene Küche des Hotels auf hoher See zu genießen. Besonders beliebt sind die verschiedenen Packages mit der M.Y. Emily, wie beispielsweise zu den Bregenzer Festspielen oder private Ausfahrten als effektvoller Rahmen einer Familienfeier. Immer aber steht das kulinarische Wohl der Gäste im Vordergrund. Urs J. Hatt, Direktor des Hotel Bad Horn, hat sich mit der eleganten Yacht für seine Gäste einen alten Traum erfüllt: Zusammen mit Walter Frey, dem Sohn des Firmengründers Emil Frey, hat er seine Idee eines Hotelschiffes umgesetzt und bezeichnet sie heute stolz als Herzstück seines Hauses.

Müde vom guten Wein – man könnte über die Weinkarte schreibend allein viele Seiten füllen –, exquisitem Essen, von Seminar, Tagung, Familienfeier, Wanderung oder Wassersport kommt der Gast im Bad Horn in eines der edel ausgestatteten Zimmer. Wieder steht das Thema Schifffahrt Pate für die Einrichtung. Die neuen „Blue Flats" verfügen außerdem über Cheminée und Glaserker oder Eckbalkon und sind richtige Oasen der Erholung.

Und auch die Zukunft sieht Urs Hatt schon klar vor sich: Er plant einen Neubau mit großem, neuem Wellnessbereich. Dort soll es dann auch Hotelzimmer mit direktem Zugang zu einem Privat Spa geben. Luxus und Komfort, den man bisher nur in den Hamptons vermutet hat, findet sich tatsächlich am Bodensee: Das Schwäbische Meer ist tiefgründiger als man denkt.

KÜNDIGS CHÄSLAUBE

Als typisch rebellischer Sohn wollte Matthias Kündig zunächst auf gar keinen Fall in die Fußstapfen seines Vaters treten, der einen kleinen, aber feinen Käse- und Lebensmittelladen hatte, und schnupperte vor der Lehre ostentativ ins Gärtnerhandwerk – um dann schließlich doch die Ausbildung als Molkereifachmann zu absolvieren. Später ist er ins Ausland gegangen und begegnete auf seinen verschiedenen Stationen in Italien, USA und Frankreich immer wieder: dem Käse! Der Facettenreichtum der verschiedenen Käseprodukte, in denen sich immer auch eine regionale Kultur ausdrückt, begann ihn zu faszinieren. Schließlich landete Matthias Kündig nach ein paar Umwegen doch im väterlichen Betrieb. 1992 wurde das Geschäft nach seinen Vorstellungen umgebaut und als Käsedelikatessengeschäft, das auch frisches Biogemüse, Bioprodukte und vor allem eine sehr erlesene Weinauswahl bereithält, wieder eröffnet. Ein besonderes Augenmerk liegt eindeutig auf der großen Käsetheke, in der sich 300 verschiedene Sorten finden.

Kündigs Chäslaube

Am Marktplatz
CH-9400 Rorschach

Telefon 00 41 (0) 71 / 8 41 17 75
Telefax 00 41 (0) 71 / 8 41 17 76
www.bonfromage.ch

Webergasse 19
CH-9000 St. Gallen
Telefon 00 41 (0) 71 / 2 22 28 59

Wochenmarkt in St. Gallen immer Mittwoch und Samstag von 9 bis 17 Uhr.

Gefördert werden bei Kündig Käsesorten, welche mehrheitlich aus kleinen Betrieben stammen. Es sind AOC oder DOC (ursprungsgeschützte) Käsesorten, welche handwerklich aus Rohmilch hergestellt werden. Mit seinen wöchentlichen Empfehlungen versucht Matthias Kündig, seinen Kunden die Entdeckung bis dato unbekannter Käseköstlichkeiten zu ermöglichen, wie beispielsweise die des Robiola di Rocca Verano Fia, ein Ziegenrohmilchkäse, der – wie der Name etwas verklausuliert verrät – in ein Feigenblatt gehüllt ist. Im Blatt reift der Robiola langsam und kann so die Rahm- und Butternoten intensivieren. Der Duft erinnert, so erklärt es der Fachmann schwärmerisch, an Kokosnuss und Feige. Oder der Pecorino al Fossa, welcher in Italien richtigen Kultstatus genießt und drei bis sechs Monate in einer Schwefelhöhle reift. Zusammen mit einem Trüffelhonig aus Umbrien sei er ein Gedicht, betont der Käseexperte. Vom Blue Stilton aus der kleinen Grafschaft Colston Basset, kombiniert mit einem 2000er Vintage Port, gar nicht zu reden oder von dem Pougliny St. Pierre aus dem Loiretal ...!

Matthias Kündig selbst überschlägt sich förmlich vor sprühender Begeisterung. Wer so über Käse spricht und so viel fachliche Kompetenz mit der Leidenschaft für kulinarische Genüsse verknüpft, ist natürlich dazu prädestiniert, dieses Wissen auch weiterzugeben. Matthias Kündig missioniert in Sachen Käse auf verschiedenen Wegen. Zum einen sind da die vielen, teilweise hoch dekorierten Köche der Schweizer Spitzengastronomie, die er beliefert und bei ihrer Käseauswahl berät. Zum anderen gibt er gerne Seminare zum Thema Käse und Wein. Er stellt verschiedene Kombinationsmöglichkeiten und das Spiel der Aromen vor, die sich im Idealfall zu wahren Genussallianzen finden, und erntet immer wieder erstaunte Begeisterung von Seiten seiner Zuhörer.

Trotz der technischen und hygienischen Errungenschaften der letzten 50 Jahre scheuen sich viele vor Schimmel und vor optischen Veränderungen von gereiftem Käse. Dabei liegen genau hier die Vielfalt und die schier endlose geschmackliche Varianz der verschiedenen Sorten, die Matthias Kündig durch die Kombination mit den richtigen Früchten, dem passenden Wein oder einem speziellen Brot noch zu unterstreichen weiß. Und natürlich ist es eine Wissenschaft für sich, wie sich Frisch-, Weich-, Schimmel- oder Hartkäse mit den richtigen Zutaten vom Brotbelag zur eigenständigen Delikatesse entwickeln können.

Kündigs Käse ist auch vom Wochenmarkt in St. Gallen nicht mehr wegzudenken – und steht man erst in der langen Schlange, dann kommt man fast automatisch mit den anderen Kunden und Käsefreunden ins fachsimpelnde Gespräch.

Matthias Kündigs kulinarisches Können wird auch ganz praktisch gerne in Anspruch genommen: Seine für Auge und Gaumen gleichermaßen ansprechenden Apéroplatten oder ganze Käsebuffets für verschiedene Anlässe sind genauso wie seine Degustationsabende im eigenen Haus längst kein Geheimtipp mehr.

MANSER MOLKI

Manser Molki AG

St. Gallerstrasse 15
CH-9402 Mörschwil

Telefon 00 41 (0) 71 / 8 68 79 19
Telefax 00 41 (0) 71 / 8 68 79 10

In den letzten 50 Jahren hat sich wohl in wenigen Lebensmittelbereichen so viel verändert wie bei der Milchverarbeitung. Damals brachten die Bauern oder Milchbuben ihre Milch noch zu den Milchsammelstellen. Von dort wurde die Milch weiter an Privatkunden ausgefahren. Auch der Gründer der Manser Molki in Mörschwil, Josef Manser senior, begann mit einem Velo samt Anhänger und belieferte so verschiedene Milchkunden in St. Gallen. Er legte mit seinem Milchgeschäft den Grundstein der heutigen Manser Molki AG. Schon bald begann er mit einfachsten Mitteln Joghurt herzustellen – nämlich nur mit einer Pfanne im Ofen! Es war reine Pionierarbeit, zunächst den Joghurt nature und bald schon die verschiedenen Sorten mit Früchten für die Kundschaft zu produzieren.

Heute ist die Manser Molki in der Region stark verankert und wird von den Brüdern Sepp und Stefan Manser umsichtig geführt. Die frische Milch holt der Manser Milchsammelwagen bei den Bauern in der Nähe ab. Daraus entstehen die feinen Manser Produkte: „Past-Milch“ (für „pasteurisiert“), „Past-Milchdrink“, Kaffeerahm pasteurisiert, Vollrahm pasteurisiert, Sauerhalbrahm und natürlich Joghurt in vielen Sorten und Grössen, vom 125-Gramm-Becher bis zum zehn-Kilogramm-Kessel, vor allem Vollmilch-Joghurt, aber auch Joghurt light. Eine Besonderheit wurde bei Manser aus der Pionierzeit bis heute bewahrt: Für viele Joghurt-Sorten werden die Frucht-Grundstoffe selbst hergestellt. Diese Sorten enthalten außer den guten Früchten keine zusätzlichen Aromastoffe: Ein Grund mehr, warum die Manser

Joghurts so „choge guet" schmecken, wie es der Slogan der Manser Molki verheißt.
Die Manser Molki verkauft ihre Produkte zusammen mit einem breiten Handelssortiment in der Ostschweiz an Restaurants, Hotels, Heime, Kantinen und Spitäler, Läden und Milchhändler und auch an Grossisten. Das Handelssortiment umfasst viele Käsesorten, übrige Milchprodukte und Tiefkühlprodukte in einer großen Vielfalt. Das alles gelangt mit einem „choge guete" Lieferservice zu den Kunden.
Für Manser – ein Culinarium-Mitglied der ersten Stunde – sind die kurzen Transportwege der Milch von den Bauernhöfen zur Molkerei und von der Molkerei mit den frischen Produkten zu den Kunden gewichtige Argumente für die bedingungslose Frische und nicht zuletzt auch für das eigene ökologische Gewissen. So gelangt zum Beispiel die Past-Milch auf dem kürzesten Weg auf den Frühstückstisch der Kunden. Ganz anders verhält es sich mit einer „UHT-Milch", die ultrahochtemperiert wird: Viele Verbraucher wissen nicht, dass für UHT-Produkte Ostschweizer Milch zuerst bis nach Suhr oder weiter transportiert wird, um dann solcherart behandelt wieder zurück in die Ostschweizer Läden oder Restaurants zu kommen. Außerdem schmeckt eine pasteurisierte Milch einfach runder, ja, besser, denn sie wird sehr schonend und nur auf 75 Grad Celsius erhitzt. Auch der pasteurisierte Vollrahm wird von Kennern wegen seines weichen, vollen Geschmacks jedem UHT-Rahm vorgezogen.
Eine weitere Spezialität, so erklärt Sepp Manser, ist der hauseigene Sauerhalbrahm. Mit dem feinen Aroma von ausgewählten Kulturen eignet er sich für verschiedene süße und salzige Soßen genauso wie für viele leichte Desserts.
Im kleinen aber feinen Molki-Laden werden neben den Eigenprodukten viele Käsespezialitäten, passende Weine, Pasta und weitere ausgesuchte Köstlichkeiten angeboten. Immer liegt auch hier das Augenmerk auf regionalen Produkten und Spezialitäten. Im „Molki-Lädli" kann man auch die von Renate Manser sorgfältig gestalteten Käseplatten für verschiedene Anlässe und in verschiedenen Grössen bestellen: Immer sind die Platten kleine Kunstwerke, die zuerst die Augen und dann den Gaumen erfreuen. Die „Spezial Fondue-Mischung" und das sehr beliebte „Manser Fondue fix-fertig", die beide nach einem Hausrezept gemischt werden, sind ebenfalls hier erhältlich. Die Liebe zu ihrem Beruf und die Freude an ihren ehrlichen, qualitativ hochwertigen Produkten sind das Erfolgsrezept der Brüder Manser in Mörschwil.

BODENSEEHOTEL WEISSES RÖSSLI

Bodenseehotel Weißes Rössli
Alexandra und Roland End

Hauptstrasse 69
CH-9422 Staad

Telefon 00 41 (0) 71 / 8 55 15 15
Telefax 00 41 (0) 71 / 8 55 15 18
www.weissesroessli.ch

Jeden Tag sieht der See anders aus: mal mit tief hängenden Wolken und Gischtkrönchen auf dem bedrohlich dunkeln Wasser, mal unter strahlendblauem Himmel mit schreienden Wasservögeln und fröhlich tanzenden Lichtreflexen – die phänomenale Aussicht durch große Panorama-Fenster auf den Bodensee machen das Weiße Rössli in Staad zu einem beliebten Ausflugsziel. Allein wegen des großartigen Naturschauspiels vergisst man hier schnell die Zeit und lehnt sich unwillkürlich in Urlaubsstimmung zurück und genießt. Die Köstlichkeiten aus der Küche von Roland End tragen dabei sehr zum gesteigerten Wohlbefinden seiner Gäste bei. Er kocht jeden Tag aufs Neue mit Leidenschaft und auch wenn es mal hoch hergeht, verliert er den Spaß an der Arbeit nicht. Die Freude an der Zubereitung der hochwertigen Zutaten und die tägliche Herausforderung, die hohen Erwartungen seiner Gäste nicht zu enttäuschen, sind ihm immer wieder Ansporn für neue Menüs und kreative Experimente. Dabei strebt Roland End weniger Auszeichnungen in der einschlägigen Literatur an als vielmehr das Lob seiner vielen Stammgäste – in erster Linie soll es schmecken und handwerklich solide zubereitet sein. Seinen Gästen bietet er zu der großen à la carte Speisekarte vier

täglich wechselnde Menüs. Außerdem sind die beiden Hausspezialitäten-Teller wirkliche Evergreens im Weißen Rössli: Zum einen ist da das sehr beliebte Fischspezial-Rössli mit feinem Zanderfilet und Knusperli an einer leichten Tartarsoße, Kräuterschaum und Butterrösti, zum anderen sind es Schweizer Klassiker wie Cordon-bleu oder ein feiner Fleisch-Spieß im jahreszeitlichen Wechsel. Und es gibt immer Pizza: ein Erbe seines Vorgängers im Rössli, der den schweren Pizzaofen installiert hat. Kulinarische Berührungsängste gibt es hier nicht: Wenn seine Gäste etwas lieben, sieht Roland End es als seine Aufgabe, das Gewünschte hochwertig zuzubereiten – warum also nicht auch eine köstliche Holzofen-Pizza?

Ein Familienbetrieb wie das Weiße Rössli kann nur funktionieren, wenn alle an einem Strang ziehen: Seine Frau Alexandra ist ebenfalls vom Fach und managt sowohl den Service als auch das Hotel, und die drei kleinen Töchter wissen sehr genau, wann sie mit den Angestellten scherzen und in die Töpfe gucken dürfen und wann im Restaurant keine Zeit für sie ist. Und natürlich müssen alle ein bisschen Allrounder sein und mal an der Rezeption, mal in der Küche zur Hand gehen.

Das Weiße Rössli liegt direkt am Bodensee-Radweg und ist beliebtes Etappenquartier. Es verfügt außerdem über einen eigenen Steg, sodass alle Wassersportler direkt beim Rössli anlegen oder von der nahen Segelschule oder dem neuen Hafen vorbeischauen können. Im Sommer ist es traumhaft, in der Gartenwirtschaft direkt am Wasser zu sitzen – ein kleiner Spielplatz gibt Eltern ein bisschen Freiraum, um still den malerischen Blick aufs „Schwäbische Meer“ zu genießen. Das Schilfgebiet in unmittelbarer Nähe zieht Ornithologen an, und der Ufersteg reicht ebenfalls schon fast bis direkt ans Rössli heran: Wer würde im Vorbeifahren vermuten, dass sich hinter dem altehrwürdigen Haus direkt der Bodensee befindet und ein solch gastronomisches Juwel darauf wartet, entdeckt zu werden?

RESTAURANT LANDHAUS

Restaurant Landhaus
Anita Künzler und Werner Deeg

Appenzellerstrasse 73
CH-9424 Rheineck

Telefon 00 41 (0) 71 / 8 88 12 60
Telefax 00 41 (0) 71 / 8 88 12 25
www.landhaus-rheineck.ch

Der herrliche Blick auf den Bodensee und der schützende Berg im Rücken lassen sofort erkennen, warum schon vor 400 Jahren an genau dieser Stelle ein Haus erbaut wurde. Das Restaurant Landhaus, das Anita Künzler und Werner Deeg zum Millennium übernommen haben, besticht durch seine herrliche Lage und durch den über Jahrhunderte gewachsenen Charme des Hauses. Rundgetretene Steinfliesen, knarrende Dielen und die romantisch bemalte Täfelung aus spätbarocker Zeit geben dem Haus sein unverwechselbares Gesicht. Im Inneren ist das Landhaus behaglich und zurückhaltend gemütlich eingerichtet. Schön, dass im halbjährlichen Wechsel regionale Künstler die Möglichkeit haben, die Wände als Ausstellungsfläche zu nutzen. Anita Künzler erzählt lachend, wie wenig Dekoration das Landhaus dadurch braucht – die bunten Bilder an den Wänden, ein paar liebevoll arrangierte Blümchen auf dem Tisch, gepaart mit der einmaligen Aura des alten Hauses, und schon entsteht die heimelige Atmosphäre.

Die Küche von Küchenchef Philipp Bernold und Elisabeth Krüsi nimmt diese besondere Stimmung auf: Traditionsreich und gleichzeitig kreativ werden die Gäste mit täglich marktfrischen Zutaten verwöhnt.
Jean A. Brillat-Savarin, der französische Begründer der Gastrokritik, sagte einmal: „En cuisine, comme dans tous les arts, la simplicité est le signe de la perfection.“ Die Küche vom Landhaus beherzigt diesen Grundsatz und macht aus klassischen Gerichten einen

Poulet Suprême

Zutaten
4 Stück Pouletbrust Suprême (mit Haut und Flügelknochen)
1/2 Zwiebel
40 g Butter
50 ml Thurgados (Thurgauer-Apfelschnaps)
200 ml Bratensauce
100 ml Vollrahm
Salz und Pfeffer

Zubereitung
Pouletbrüstli würzen und beidseitig scharf anbraten. Nach dem Anbraten bei 180 °C in den vorgeheizten Ofen geben und während 16–18 Minuten fertig garen. Zwiebel fein schneiden und in Butter andünsten, mit Thurgados ablöschen, Bratensauce und Rahm dazugeben. Aufkochen lassen und schaumig mixen, abschmecken. Sauce auf Teller geben und die aufgeschnittenen Pouletbrüstli darauf anrichten. Dazu Spätzli und Gemüseallerlei servieren.

zeitgemäßen Genuss: ungekünstelt, authentisch und doch mit viel Esprit. Die große Weinkarte, die viele regionale Spezialitäten verzeichnet, aber auch alle großen europäischen Anbaugebiete berücksichtigt, lässt zudem keine Wünsche offen.
Anita Künzler und Werner Deeg – beide seit Jahrzehnten in der Gastronomie zu Hause – umsorgen ihre Gäste herzlich und zuvorkommend. Und die beiden kennen ihre Gäste und deren Wünsche oft so gut, dass schon mal die Frage kommt: „Anita, was meinsch, han i de Wy gärn?" Oder ein Kind liegt seinen Eltern mit der Bitte in den Ohren, doch bald wieder zu dem „netten Ma mit Schnauz" zu fahren. Alle im Team ziehen zum Wohl der Gäste an einem Strang: Gemeinsam werden neue Menüs entwickelt, kritisch verkostet oder im saisonalen Wechsel die Speisekarte diskutiert. So ist das Landhaus nicht nur Speiselokal im eigentlichen Sinn, vielmehr auch gediegenes Vereinslokal, gemütlicher Firmen-Besprechungsraum, beliebtes Ziel für familiäre Feierlichkeiten und im weiteren Sinn eine zweite Heimat für viele seiner Gäste. Da verwundert es nicht, dass mancher gerne ein paar Kilometer und über eine Landesgrenze fährt, um sich wieder einmal kulinarisch vom Landhausteam verwöhnen zu lassen.
Das gekonnte Miteinander von saisonalen Gerichten und anspruchsvollen Menüs, die jeden weit gereisten Gourmet zufrieden stellen, ist das Markenzeichen des Landhauses. Und längst nicht alle Gerichte stehen auf der Karte: Schmankerln wie frische Kalbsleberli oder Entrecôte Café de Paris werden am Tisch so lange empfohlen, wie sie in der Küche vorrätig sind. Immer unter der Devise: konsequent frisch und punktgenau zubereitet.

FRIFAG MÄRWIL

Archäologische Funde beweisen, dass es seit dem 6. Jahrtausend vor Christus domestizierte Hühner gab. In der Schweiz kann man davon ausgehen, dass das Haushuhn seit dem 4./5. Jahrhundert vor Christus weitere Verbreitung fand. Die Römer begannen schließlich in Europa damit, Hühner im großen Stil als Eier- und Fleischlieferanten zu halten. Und heute ist Hühnchenfleisch beliebter denn je: Als besonders gesundes und bekömmliches Fleisch, das noch dazu sehr zart und unkompliziert in der Zubereitung ist, wird es genauso gerne auf den heimischen Grill gelegt wie in der Spitzengastronomie verwendet.

Die Marke frifag steht heute im Schweizer Geflügelmarkt für beste Qualität und höchsten Genuss. Poulets und Puten stammen ausschließlich aus der Aufzucht von Schweizer Bauernhöfen, wobei genauestens darauf geachtet wird, dass die Tierhaltungskonzepte der frifag märwil ag eingehalten werden.

frifag märwil ag

Hauptstrasse 11
CH-9562 Märwil

Telefon 00 41 (0) 71 / 6 54 65 00
Telefax 00 41 (0) 71 / 6 54 65 09
www.frifag.ch

So wachsen die Hühner unter besonders tierfreundlichen Bedingungen in Offenfrontställen mit kontrolliertem Auslauf ins Freie auf. Bei gutem Wetter kann ein Huhn vom Stall in den gedeckten Außenbereich gelangen, der mehr als ein Viertel der gesamten Stallfläche ausmacht. Wie bei einem Wintergarten geben großzügige Fensterflächen den Tieren die Möglichkeit, den natürlichen Tag-Nacht-Rhythmus zu erleben. Sitzgelegenheiten auf verschiedenen Ebenen sorgen weiter dafür, dass sich die Tiere in ihrem Umfeld wohl-fühlen. Andi Schmal, Leiter der frifag märwil ag, betont, dass er vom Zusammenhang der artgerechten Haltung und der späteren Fleischqualität überzeugt ist. Deshalb dürfen auch die Truten, so nennt man in der Schweiz Truthahn oder Pute, ebenfalls in einem natürlichen Umfeld aufwachsen. Als Weide im Freien steht ihnen die doppelte Stallfläche zur Verfügung und

ermöglicht ihnen Scharren und Flattern nach Herzenslust. Nur wenn es das Wetter nicht zulässt, ziehen es die Puten vor, im behaglichen Stall zu bleiben.
Andi Schmal erklärt, dass die frifag immer wieder gerne Besuchergruppen die Ställe der Hühner und Puten zeigt und dass die Gäste meist zweierlei überrascht: zum einen, so viele Tiere auf einmal zu sehen und zum anderen, wie großzügig und sauber die Ställe sind. Beides hat seinen Grund. Nur durch die Größe – immerhin sind es heute zwischen 80 und 90 Bauernhöfe, die für frifag Geflügel aufziehen – so erklärt es Andi Schmal, kann die tägliche Frische garantiert werden. Und natürlich ist es wichtig, dass die Tiere artgerecht gehalten werden, denn nur mit der richtigen, eigens gemischten Körnermischkost und den passenden Ställen kann gewährleistet werden, dass die Tiere gesund sind und natürliche Abwehrstoffe entwickeln.
Interessant ist auch, dass das frifag-Kader zur Geschmackskontrolle von neuen Produkten gerne die Familien oder Nachbarn, kurz Laien, hinzuzieht. Da im Kader der frifag märwil ag vorwiegend ausgebildete Metzger arbeiten, bedarf es manchmal der Korrektur des fachmännischen Blicks durch ganz normale Konsumenten: Hier wird schonungslos aufgedeckt, was der Kunde sich wünscht. Denn wenn vor 20 Jahren in der Schweiz noch gerne ganze Hähnchen gegrillt wurden, geht der Trend derzeit zu immer kleineren, sauber parierten Stücken. Rückmeldungen von Gastronomen und Qualitäts-Metzgereien, die frifag Geflügelfleisch anbieten, machen es ebenfalls möglich, dass die frifag jeweils auf die Bedürfnisse des Marktes reagiert und so ihrem Leitspruch gerecht werden kann: *Geflügel, das beflügelt.*
Schweizweit bietet die frifag märwil ag ihren Kunden außerdem einen ganz besonderen Service: Mit ihrer Tochterfirma, Natura Güggeli, hat der Konsument die Möglichkeit, fix und fertig gebratene Hähnchen für den Verzehr zu Hause zu kaufen. Die Güggeli-Stände stehen an den verschiedenen Wochentagen an wechselnden Standorten und bieten immer frische, perfekt gegrillte Güggeli, wie der Schweizer liebevoll zu Brathähnchen sagt. Die Haut muss knusprig

und kross sein und das weiße Hühnerfleisch saftig und zart. Wie ein Künstler muss der meist erfahrene und stetig weitergebildete Grilleur seine Grillhähnchen jederzeit im Auge behalten, damit „der Gluscht" aufs Güggeli – allein durch den sensationellen Duft läuft einem das Wasser im Mund zusammen – beim Essen nicht enttäuscht, sondern übertroffen wird. Wem das lustige Grillmobil mit dem überdimensionierten Poulet auf dem Dach viel zu selten in seiner Umgebung hält, der hat außerdem die Möglichkeit, ein Grillmobil samt Grillmeister für das nächste Feuerwehrfest oder die nächste Firmenfeier zu mieten – denn schließlich ist das Grillhähnchen eine der ganz wenigen Köstlichkeiten, die man offiziell mit den Händen essen darf.

Coq au vin

Zutaten

1 frisches Poulet, ca. 1,4 kg
2 EL Butter
80 g Magerspeck
12 kleine Frühlingszwiebeln (oder sehr kleine Zwiebeln)
100 g frische Champignons
450 ml kräftiger Rotwein
1 Karotte
je 1 Zweig Selleriekraut und Petersilie
1 Lorbeerblatt
2 EL gehackter Thymian
1 Knoblauchzehe
100 ml Hühnerbouillon
3 EL Cognac
Salz, Pfeffer, Muskatnuss
Croûtons:
2 Toastbrotscheiben
2 EL Butter
2 Knoblauchzehen

Zubereitung

Das Poulet in 8 Stücke teilen, alle Teile in Butter anbraten und herausnehmen. Den Speck in Streifen schneiden, Zwiebeln schälen, die Champignons vierteln und alles im Bratenfond ziehen lassen. Nach 5 Minuten herausnehmen.
Das Fleisch wieder in die Pfanne geben und mit der Hälfte des Rotweins ablöschen. Die in Scheiben geschnittene Karotte, Sellerie, Petersilie, das Lorbeerblatt, den Thymian und die gepresste Knoblauchzehe zufügen. Ungefähr 5 Minuten offen köcheln lassen. Die Bouillon zugießen und zugedeckt 10 Minuten schmoren lassen. Die Pouletstücke herausnehmen und warm stellen. Anschließend den gewürfelten Speck, Zwiebeln und Champignons beifügen und 10 Minuten mitkochen.
Den restlichen Wein zur Sauce geben und bis zur Hälfte einkochen lassen. Mit Cognac, Salz, Pfeffer und Muskat abschmecken. Nach Belieben noch etwas Butter unter die Sauce rühren.
Die Toastbrotscheiben in Würfel schneiden, in Butter goldgelb braten und mit durchgepresstem Knoblauch beträufeln. Das Fleisch auf Tellern anrichten, mit der Sauce übergießen und mit den Croûtons garnieren.

KULINARISCHE EMPFEHLUNGEN

Atrium Ristorante 22
Inhaber: Raphael Schenker
Schützengasse 8
CH-9000 St. Gallen
Telefon 00 41 (0) 71 / 2 23 37 17
Telefax 00 41 (0) 71 / 2 23 37 27
atrium-ristorante@bluewin.ch
www.atrium-ristorante.ch

Benedikt 24
IP-Bar und 1.-Stock-Restaurant
Inhaber: Adem Özütürk
Bankgasse 12
CH-9000 St. Gallen
Telefon 00 41 (0) 71 / 2 27 61 00
Telefax 00 41 (0) 71 / 2 27 61 05
mail@benediktrestaurant.ch
www.benediktrestaurant.ch

Berggasthaus Staubern 66
Inhaber: Daniel Lüchinger
CH-9467 Frümsen
Telefon 00 41 (0) 81 / 7 57 24 24
www.staubern.ch

Bodenseehotel Weisses Rössli 158
Alexandra und Roland End
Hauptstrasse 69
CH-9422 Staad
Telefon 00 41 (0) 71 / 8 55 15 15
Telefax 00 41 (0) 71 / 8 55 15 18
info@weissesroessli.ch
www.weissesroessli.ch

Brennerei Telser 60
Inhaber: Sebastian und Marcel Telser
Dorfstrasse 67
FL-9495 Triesen
Telefon 0 04 23 / 3 92 13 71
info@telser.li
www.telser.li

david38 46
Restaurant, Bar, Lounge
Inhaber: Familie Nett
Davidstrasse 38
CH-9004 St. Gallen
Telefon 00 41 (0) 71 / 2 30 28 38
Telefax 00 41 (0) 71 / 2 30 28 39
book@david38.ch
www.david38.ch

Feinbäckerei Schwyter, Schwyters Catering 44
Neugasse 16
CH-9004 St. Gallen
Telefon 00 41 (0) 71 / 2 28 50 50
Telefax 00 41 (0) 71 / 2 28 50 55
patrick.schwyter@schwyter.com
www.schwyter.com

frifag märwil ag 162
Hauptstrasse 11
CH-9562 Märwil
Telefon 00 41 (0) 71 / 6 54 65 00
Telefax 00 41 (0) 71 / 6 54 65 09
info@frifag.ch
www.frifag.ch

Gasthaus Rössli 74
Geschäftsführerin: Sabine Bertin
CH-9122 Mogelsberg
Telefon 00 41 (0) 71 3 / 74 15 11
Telefax 00 41 (0) 71 3 / 74 19 41
info@roessli-mogelsberg.ch
www.roessli-mogelsberg.ch

Gasthof Rössli 128

Doris und Ueli Kellenberger
Freihofweg 3
CH-7310 Bad Ragaz
Telefon 00 41 (0) 81 / 3 02 32 32
Telefax 00 41 (0) 81 / 3 00 42 84
info@roessliragaz.ch
www.roessliragaz.ch

Gaststube zum Schlössli 32

Geschäftsführer Ambros Wirth
Zeughausgasse 17
CH-9000 St. Gallen
Telefon 00 41 (0) 71 / 2 22 12 56
Telefax 00 41 (0) 71 / 2 22 12 06
info@schloessli-sg.ch
www.schloessli-sg.ch

Haus zur Eintracht 86

Inhaber: Esther und Hansrudi Frischknecht
Buchstrasse 11
CH-9463 Oberriet
Telefon 00 41 (0) 71 / 7 63 66 66
Telefax 00 41 (0) 71 / 7 63 66 67
info@hauszureintracht.ch
www.hauszureintracht.ch

Heini Haubensak 88

Rebbau und Weinkellerei
Rorschacherstrasse 22
CH-9450 Altstätten
Telefon 00 41 (0) 71 / 7 55 14 09
Telefax 00 41 (0) 71 / 7 55 14 90
info@haubensak-weine.ch
www.haubensak-weine.ch

Hotel Metropol Arbon 148

Geschäftsführer: Rolf Müller
Bahnhofstrasse 49
CH-9320 Arbon
Telefon 00 41 (0) 71 / 4 47 82 82
Telefax 00 41 (0) 71 / 4 47 82 80
hotel@metropol-arbon.ch
www.metropol-arbon.ch

Wirtschaft zum Schloss

CH-9320 Arbon
Telefon 00 41 (0) 71 / 4 40 12 28
www.zumschloss.ch

Hotel Bad Horn 152

Seestrasse 36
CH-9326 Horn
Telefon 00 41 (0) 71 / 8 41 55 11
Telefax 00 41 (0) 71/ 8 41 60 89
www.badhorn.ch

Hotel Restaurant Seehof 120

Inhaber: Familie Biasi
CH-8880 Walenstadt
Telefon 00 41 (0) 81 / 7 35 12 45
info@seehof-walenstadt.ch
www.seehof-walenstadt.ch

Hotel Restaurant Wolfensberg 136

Seminar- und Ferienhotel
Inhaber: Familie Senn
CH-9113 Degersheim
Telefon 00 41 (0) 71 / 3 70 02 02
Telefax 00 41 (0) 71 / 3 70 02 04
info@wolfensberg.ch
www.wolfensberg.ch

Hotel Säntispark 144

Wiesenbachstrasse 5
CH-9030 Abtwil
Telefon 00 41 (0) 71 / 3 13 11 11
Telefax 00 41 (0) 71 / 3 13 11 13
hotel@saentispark.ch
www.hotel-saentispark.ch

Restaurant Golf 36

Golfpark Waldkirch
CH-9205 Waldkirch
Telefon 00 41 (0) 71 / 4 34 67 60
restaurant@golfwaldkirch.ch
www.golfwaldkirch.ch

Kündigs Chäslaube 154

Am Marktplatz
CH-9400 Rorschach
Telefon 00 41 (0) 71 / 8 41 17 75
Telefax 00 41 (0) 71 / 8 41 17 76

Webergasse 19
CH-9000 St. Gallen
Telefon 00 41 (0) 71 / 2 22 28 59

Landgasthof Frohe Aussicht 110
Inhaber: Anna und Martin Kessler
CH-8730 Uznach
Telefon 00 41 (0) 55 / 2 80 23 71
Telefax 00 41 (0) 55 / 2 80 24 86
frohe.aussicht@bluewin.ch
www.aussicht.ch

Landgasthof Schlössli Sax 68
Diana und Peter Pfiffner
CH-9468 Sax
Telefon 00 41 (0) 81 / 7 50 40 90
Telefax 00 41 (0) 81 / 7 50 40 91
Info@schloesslisax.ch
www.schloesslisax.ch

Maienhalde 96
Reb- und Weingut & Speiserestaurant
Familien Indermaur
Obereggerstrasse
CH-9442 Berneck
Telefon 00 41 (0) 71 / 7 44 12 46
Telefax 00 41 (0) 71/ 7 44 12 79
weingut@maienhalde.ch
www.maienhalde.ch

Manser Molki AG 156
St. Gallerstrasse 15
CH-9402 Mörschwil
Telefon 00 41 (0) 71 / 8 68 79 19
Telefax 00 41 (0) 71 / 8 68 79 10

Metzgerei Betschart 112
Franz und Ruth Betschart
Rickenstrasse 10
CH-8733 Eschenbach
Telefon 00 41 (0) 55 / 2 82 48 48
Telefax 00 41 (0) 55 / 2 82 48 49

Hauptstrasse 11
CH-8716 Schmerikon
Telefon 00 41 (0) 55 / 2 82 13 07
Telefax 00 41 (0) 55 / 2 82 54 37
info@metzgerei-betschart.com
www.metzgerei-betschart.com

Metzgerei Gemperli 48
Ernst Sutter AG
Schmiedgasse 34
CH-9000 St. Gallen
Telefax 00 41 (0) 71 / 2 23 73 13
Telefon 00 41 (0) 71/ 2 22 37 23
info@gemperli.ch
www.gemperli.ch

Metzgerei Küttel 102
Neugass 14
CH-9442 Berneck
Telefon 00 41 (0) 71 / 7 44 15 04
Telefax 00 41 (0) 71 / 7 44 05 04
info@metzgerei-kuettel.ch
www.metzgerei-kuettel.ch

Metzgerei Schmid 42
Inhaber und Geschäftsführer: Oscar Peter
St. Jakob-Strasse 48
CH-9000 St. Gallen
Telefon 00 41 (0) 71 / 2 44 81 32
Telefax 00 41 (0) 71 / 2 44 81 75
oscar.peter@metzgereischmid.ch
www.metzgereischmid.ch

Metzgerei und Speiserestaurant Ochsen 94
Metzgerei Kast GmbH
Walter Kast
Neugasse 8
CH-9442 Berneck
Telefon 00 41 (0) 71 / 7 47 47 20
Telefax 00 41 (0) 71 / 7 47 47 25
info@metzgerei-kast.ch

Gasthaus Ochsen
Peter Knast
Neugasse 8
CH-9442 Berneck
Telefon 00 41 (0) 71 / 7 47 47 21
Telefax 00 41 (0) 71 / 7 47 47 25

Molkerei Grabs 62
Marc Baumgartner
Dorfstrasse 10
CH-9472 Grabs
Telefon 00 41 (0) 81 / 7 71 38 28
Telefax 00 41 (0) 81 / 7 71 61 26
Molkerei.grabs@bluewin.ch

Mosterei Möhl 150
Ernst und Markus Möhl
St. Gallerstrasse 213
CH-9320 Arbon
Telefon 00 41 (0) 71 / 4 47 40 74
Telefax 00 41 (0) 71 / 4 47 40 75
ernst.moehl@moehl.ch
www.moehl.ch

netts schützengarten 47
Familie Nett
St. Jakobstrasse 35
CH-9004 St. Gallen
Telefon 00 41 (0) 71 / 2 42 66 77
Telefax 00 41 (0) 71 / 2 42 66 78
info@netts.ch
www.netts.ch

Ospelt Metzgerei AG 58
Albert Ospelt
Lindenplatz
FL-9494 Schaan
Telefon 0 04 23 / 2 37 49 70
Telefax 0 04 23 / 2 37 49 75

Ospelt Party Service
Bahngasse 5
FL-9485 Nendeln
Telefon 0 04 23 / 3 77 17 55
Telefax 0 04 23 / 3 77 17 58
www.ospeltag.com

Restaurant Bierfalken 26
Catering Service, Event-Veranstaltungen
Inhaber: René Rechsteiner
Spisergasse 9a
CH-9004 St. Gallen
Telefon 00 41 (0) 71 / 2 22 75 46
Telefax 00 41 (0) 71 / 2 22 75 43
info@bierfalkenwirt.ch
www.bierfalkenwirt.ch

Restaurant Egli 138
Yvonne und Pedro Egli
St. Gallerstrasse 137
CH-9200 Gossau
Telefon 00 41 (0) 71 / 3 85 90 30
Telefax 00 41 (0) 71 / 3 85 91 65
info@restaurant-egli.ch
www.restaurant-egli.ch

Restaurant Fondue Beizli 50
Inhaber: Stefan Schmidhauser
Brühlgasse 26
CH-9000 St. Gallen
Telefon 00 41 (0) 71 / 2 22 43 44
Telefax 00 41 (0) 71 / 2 22 54 96
info@fonduebeizli.ch
www.fonduebeizli.ch

Restaurant Krone 76
Therese und Albert Brändle
Ebnaterstrasse 136
CH-9630 Wattwil
Telefon 00 41 (0) 71 / 9 88 13 44
Telefax 00 41 (0) 71 / 9 88 67 44
info@kronewattwil.ch
www.kronewattwil.ch

Restaurant Landhaus 160
Anita Künzler und Werner Deeg
Appenzellerstrasse 73
CH-9424 Rheineck
Telefon 00 41 (0) 71 / 8 88 12 60
Telefax 00 41 (0) 71 / 8 88 12 25
info@landhaus-rheineck.ch
www.landhaus-rheineck.ch

Restaurant Mühle 64
Inhaber: Marianne und Christian Birchmeier
Grossbünt 2
CH-9479 Oberschan
Telefon 00 41 (0) 81 / 7 83 19 04
Telefax 00 41 (0) 81 / 7 83 13 14
birchmeier@restaurantmuehle.ch
www.restaurantmuehle.ch

Restaurant & Bistro Neubad 30
Pächterin: Monika Engler
Bankgasse 6
CH-9000 St. Gallen
Telefon 00 41 (0) 71 / 2 22 86 83
Telefax 00 41 (0) 71 / 2 22 80 68
www.restaurant-neubad.ch

Restaurant Strandbad Arbon 147
Geschäftsführerin: Christine Truttmann
Philosophenweg 11
CH-9320 Arbon
Telefon 00 41 (0) 71 / 4 46 17 60

Restaurant und Weinbau
Burg Au 90
Geschäftsführer und Küchen-
chef: Fabian Strutz
Walzenhauser Strasse 100
CH-9434 Au
Telefon 00 41 (0) 71 / 7 44 11 13
www.burg-au.ch

Sagibeiz 122
Inhaber: Dieter von Ziegler
Direkt am Walensee
CH-8877 Murg
Telefon 0041 (0) 81 / 7 10 30 60
Telefax 0041 (0) 81 / 7 10 30 62
www.@sagibeiz.ch

Lofthotel
Alte Spinnerei
CH-8877 Murg
Telefon 00 41 (0) 81 / 7 20 35 75
www.lofthotel.ch

SAVANNAH
Fine Food. Tapas. Wines. 34
Restaurant-Bar-Lounge
Inhaber: Patrick R. Weber
Spisergasse 41
CH-9000 St. Gallen
Telefon 00 41 (0) 71 / 2 44 18 18
Telefax 00 41 (0) 71 / 2 20 86 91
mail@savannah-food.ch
www.savannah-food.ch

Spezialitäten Eberle 140
Inhaber: Gebrüder Eberle AG
Seminarstrasse 8
CH-9200 Gossau
Telefon 00 41 (0) 71 / 3 85 75 66
Telefax 00 41 (0) 71 / 3 85 76 30
info@eberle.ch
www.eberle.ch

Stump's Alpenrose AG 80
Inhaber: Birger, Marlise und Roland Stump
Am Schwendisee
CH-9658 Wildhaus
Telefon 00 41 (0) 71 / 9 98 52 52
Telefax 00 41 (0) 71 / 9 98 52 53
info@stumps-alpenrose.ch
www.stumps-alpenrose.ch

Teehüsli 36

Geschäftsführerin: Marlene Liechti
Spisergasse 26
CH-9000 St.Gallen
Telefon 00 41 (0) 71 / 2 22 50 85
Telefax 00 41 (0) 71 / 2 22 50 85
teehuesli@bluewin.ch

Theresa & Urs Zünd 98

Im Büdele hinter dem Rathaus
CH-9442 Berneck
Telefon 00 41 (0) 71 / 7 44 39 25
Telefax 00 41 (0) 71 / 7 44 54 74
info@urszuend.ch
www.urszuend.ch

Toggi Milchprodukte 78

Käserei Heiterswil
CH-9630 Wattwil
Telefon 00 41 (0) 71 / 9 88 12 82
Telefax 00 41 (0) 71 / 9 88 71 82
www.toggi.biz

Traiteur-Metzgerei Rietmann 28

Inhaber: Alfred Brun
Marktgasse 3
CH-9000 St.Gallen
Telefon 00 41 (0) 71 / 2 22 15 51
Telefax 00 41 (0) 71 / 2 22 15 53
bruna@kauffmannag.ch

Tschirky 114

Café-Confiserie – Bäckerei-Konditorei
Inhaber: Karl Tschirky
Hauptstrasse
CH-8716 Schmerikon
Telefon 00 41 (0) 55 / 2 82 12 38
Telefax 00 41 (0) 55 / 2 82 47 38
ktschirky@freesurf.ch
www.baeckerei-tschirky.ch

Weinbau Felix und Eugen Bärtsch 124

Inhaber: Felix und Eugen Bärtsch
Grofstrasse 11
CH-8887 Mels
Telefon 00 41 (0) 81 / 7 23 10 33
Telefax 00 41 (0) 81 / 7 23 67 33
www.baertsch-weine.ch

Weinbaugenossenschaft Mels 130

Rathauskeller
CH-8887 Mels
Telefon 00 41 (0) 81 / 7 23 52 49
Telefax 00 41 (0) 81 / 7 10 50 75
www.wbgmels.ch

Weingut Tobias Schmid & Sohn 104

Inhaber: Peter Schmid
Hinterburgstrasse 24
CH-9422 Berneck
Telefon 00 41 (0) 71 / 7 26 10 10
Telefax 00 41 (0) 71 / 71 26 10 20
weingut@tobiasschmid.ch
www.tobiasschmid.ch

Schmid Wetli AG 92

Tramstrasse 23
CH-9442 Berneck
Telefon 00 41 (0) 71 / 7 44 12 77
Telefax 00 41 (0) 71 / 7 44 79 12
office@schmidwetli.ch
www.schmidwetli.ch

Weinstube zum Bäumli 38

Schmiedgasse 18
CH-9000 St. Gallen
Telefon 00 41 (0) 71 / 2 22 11 74

Wirtschaft zur Alten Post 40

Conny und Alexander Zimmermann
Gallustrasse 4
CH-9000 St. Gallen
Telefon 00 41 (0) 71 / 2 22 66 01
Telefax 00 41 (0) 71 / 2 22 66 94
info@apost.ch
www.apost.ch

Wirtshaus Löwen 126

Inhaber: Rosa und Andreas Ilmer-Walser
Löwenstrasse 5
CH-7310 Bad Ragaz
Telefon 00 41 (0) 81 / 3 02 13 06
Telefax 00 41 (0) 81 / 3 30 72 01
info@loewen.biz
www.loewen.biz

VERZEICHNIS DER REZEPTE

CORA

ISBN 978-3-86528-407-5
24,1 cm x 27,6 cm

ISBN 978-3-86528-415-0
24,1 cm x 27,6 cm

ISBN 978-3-86528-400-6
24,1 cm x 27,6 cm

ISBN 978-3-86528-384-9
24,1 cm x 27,6 cm

Trends, Lifestyle und kulinarische Adressen für Sie entdeckt ...

ISBN 978-3-86528-410-5
24,1 cm x 27,6 cm

ISBN 978-3-86528-399-3
24,1 cm x 27,6 cm

ISBN 978-3-86528-396-2
24,1 cm x 27,6 cm

ISBN 978-3-86528-406-8
24,1 cm x 27,6 cm

ISBN 3-86528-367-2
24,1 cm x 30,6 cm

ISBN 978-3-86528-373-3
24,1 cm x 30,6 cm

ISBN 978-3-86528-379-5
24,1 cm x 30,6 cm

ISBN 978-3-86528-403-7
24,1 cm x 30,6 cm

Im Herbst 2008 erscheinen...

Gunar Hochheiden, André Chales de Beaulieu
Trends und Lifestyle Sylt
168 Seiten, 300 Farbfotos und 1 Karte
ISBN: 978-3-86528-432-7

Sabine Schrader, Anja Wiese, Axel Nickolaus
Trends und Lifestyle Kiel und Umgebung
168 Seiten, 300 Farbfotos und 1 Karte
ISBN: 978-3-86528-392-4

Chadia A. Hamadé, Thomas Rathay
Trends und Lifestyle Aachen, Mönchengladbach und Umgebung
144 Seiten, 300 Farbfotos und 1 Karte
ISBN: 978-3-86528-418-1

Christel Trimborn, Gabriele Bender
Trends und Lifestyle Essen und Umgebung
232 Seiten, 400 Farbfotos und 1 Karte
ISBN: 978-3-86528-422-8

Magdalena Ringeling, Christian Homann
Trends und Lifestyle Münster und Osnabrück
ca. 300 Seiten, 500 Farbfotos und 1 Karte
ISBN: 978-3-86528-408-2

Gabriela und Peter Weilacher, Christian Bullinger
Trends und Lifestyle Oberbayern – Der Süden
272 Seiten, 400 Farbfotos und 1 Karte
ISBN: 978-3-86528-425-9

Claudia Schweikard, Gerhard Friedrich Kunz
Trends und Lifestyle Niederösterreich
208 Seiten, 400 Farbfotos und 1 Karte
ISBN: 978-3-86528-412-9

Silke Martin, Ute Jensen, Björn Kray Iversen
Trends und Lifestyle Köln und Umgebung
128 Seiten, 250 Farbfotos und 1 Karte
ISBN: 978-3-86528-417-4

Buchformat: 24,1 cm x 27,6 cm

Michael H. Ragwitz, René Paetow, Angela Liebich, Verena Scholze
Eine kulinarische Entdeckungsreise durch Sachsen und das Erzgebirge
272 Seiten, 400 Farbfotos und 1 Karte
ISBN: 978-3-86528-380-1

Gunar Hochheiden, Andreas Tauber, Friedhelm Rettig
Eine kulinarische Entdeckungsreise durch Berlin
192 Seiten, 300 Farbfotos und 1 Karte
ISBN: 978-3-86528-424-2

Christina Hitzfeld, Andrea Schwarz
Eine kulinarische Entdeckungsreise durch den Kanton St. Gallen
176 Seiten, 300 Farbfotos und 1 Karte
ISBN: 978-3-86528-433-4

Ingrid Weißbach, Rémy Steinegger
Eine kulinarische Entdeckungsreise durch das Tessin
272 Seiten, 400 Farbfotos und 1 Karte
ISBN: 978-3-86528-413-6

Wolfgang Faßbender, Cornelia Haller-Zingerling, Daniel Schvarcz
Eine kulinarische Entdeckungsreise durch Graubünden, Glarus, Uri und das Heidiland
296 Seiten, 450 Farbfotos und 1 Karte
ISBN: 978-3-86528-374-0

Wolfgang Faßbender, Christian Hacker
Eine kulinarische Entdeckungsreise durch das Engadin, Valposchiavo, Val Müstair und Val Bregaglia
296 Seiten, 450 Farbfotos und 1 Karte
ISBN: 978-3-86528-439-6

Gertrud und Eberhard Löbell, Gustav Buchal, Andreas Gerhardt
Eine kulinarische Entdeckungsreise durch Basel und das Markgräflerland
160 Seiten, 300 Farbfotos und 1 Karte
ISBN: 978-3-86528-366-5

Michael Banse, Angela Liebich
Handwerk, Design, Kunst & Tradition in Leipzig
168 Seiten, 300 Farbfotos und 1 Karte
ISBN: 978-3-86528-411-2

Sabine Knoll, Xenia Bluhm
Handwerk, Design, Kunst & Tradition in Niederösterreich
184 Seiten, 350 Farbfotos und 1 Karte
ISBN: 978-3-86528-438-9

Buchformat: 24,1 cm x 30,6 cm

Alle Titel erhalten Sie bei Ihrer örtlichen Buchhandlung. Für weitere Informationen über unsere Reihe wenden Sie sich direkt an den Verlag:

UMSCHAU

Neuer Umschau Buchverlag
Theodor-Körner-Straße 7
D-67433 Neustadt/Weinstraße

Telefon + 49 (0) 63 21 / 877-852
Telefax + 49 (0) 63 21 / 877-866

e-mail: info@umschau-buchverlag.de
www.umschau-buchverlag.de

IMPRESSUM

Texte
Christina Hitzfeld, CH-Oberrieden

Fotografie
Andrea Schwarz, CH-St. Gallen
www.photoeyes.ch

Lektorat
Nikola Hahn, Neustadt an der Weinstraße

Herstellung
Heike Burkhart, Alexa Pöhnert, Neustadt an der Weinstraße

Gestaltung, Satz und Reproduktion
Meyle + Müller GmbH + Co. KG, Pforzheim
www.meyle-mueller.de

Karte
Thorsten Trantow, Kenzingen
www.trantow-atelier.de

Druck und Verarbeitung
Nino Druck GmbH, Neustadt / Lachen Speyerdorf

Printed in Germany
ISBN: 978-3-86528-433-4

Die Rezepte sind üblicherweise für 4 Personen ausgerichtet.

Besuchen Sie uns im Internet
www.umschau-buchverlag.de

Titelfotografie: Andrea Schwarz
Stiftskirche St. Gallus und Otmar, St. Gallen. Das Gericht wurde im Restaurant & Bistro Neubad in St. Gallen zubereitet.

Wir bedanken uns für die freundlicherweise zur Verfügung gestellten Fotos bei:

Holger Dorn (S. 102/103), Ernst Sutter AG (S. 49 re), frifag märwil ag (S. 162 oben, S. 164/165), Werdenberg Tourismus (S. 13 li, S. 16 oben).

Ferner bedanken wir uns für die Texte auf S. 96f und S. 150f bei Antje Lichtenauer.

Christina Hitzfeld, studierte Germanistin, hat jahrelang als Texterin in einer Freiburger PR Agentur gearbeitet und lebt heute mit ihrer Familie am Zürichsee.

Andrea Schwarz ist in Rorschach am Bodensee aufgewachsen. Sie ist Fotografin und Mutter von vier Kindern.